U0513806

吕思勉 著

隋唐宋元明清史札记

吕思勉著作精选

读史札记

图书在版编目(CIP)数据

隋唐宋元明清史札记 / 吕思勉著. -- 上海 ：上海
古籍出版社，2024. 11. --（吕思勉著作精选）.
-- ISBN 978-7-5732-1386-0

Ⅰ. K240. 7-53

中国国家版本馆 CIP 数据核字第 20245WN820 号

吕思勉著作精选·读史札记

隋唐宋元明清史札记

吕思勉 著

上海古籍出版社出版发行

（上海市闵行区号景路 159 弄 1-5 号 A 座 5F 邮政编码 201101）

(1) 网址：www.guji.com.cn

(2) E-mail：guji1@guji.com.cn

(3) 易文网网址：www.ewen.co

上海颛辉印刷厂有限公司印刷

开本 890×1240 1/32 印张 6.125 插页 2 字数 162,000

2024 年 11 月第 1 版 2024 年 11 月第 1 次印刷

ISBN 978-7-5732-1386-0

K·3724 定价：46.00 元

如有质量问题,请与承印公司联系

前　言

　　有一种说法，说理想的历史著述家，要写过一部历史的专著，写过一部历史教科书，再写过一部历史通俗读物。又有一种类似的说法，把教科书换成了方志书，或是把通俗读物换成了历史地图册，说唯有著述了多种主题、多种形式的史学作品，历史著述才算达到了完满的境界。这些说法，当然不是在为史学评论提供一种评判的标尺，其本意是强调历史著述家除了要撰写专业领域里的学术著作，还要尽其所能为社会大众提供多种多样的历史作品，以满足不同层次、不同爱好的读者需要。

　　由此而论，史学家吕思勉先生倒是达到了理想的历史著述境界。他不仅写有大部头的史学著作，如《先秦史》《秦汉史》等成系统的四部断代史，还写过大量的文史教科书和历史通俗读物。其数量之多、品类之丰，在民国时代众多的史学大家中也是很罕见的。而且，他撰写的教科书和历史通俗读物，都是精心之作，或被后人称之为通俗读物之典范。

　　如此次"吕思勉著作精选"收录的一九二四年商务印书馆出版的《新学制高级中学教科书本国史》，黄永年先生曾评价说：这本书现在已经很少有人知道了，有一篇《吕思勉先生主要著作》，就没有提到这本书，也许认为这只是教材而非著作。"其实此书从远古讲到民国,只用了十二万字左右篇幅,而政治、经济、文化以及典章制度各个方面无不顾及,在取舍详略之中,体现出吕先生的史学史识,实是吕先生早期精心之作。有些青年人对我讲,现在流行的通史议论太多,史实太少,而且头绪不清,实在难读难记。我想吕先生这本要言不烦的《本国史》是否可以给现在编写通史、讲义的同志们一点启发。"(黄永年:《回忆我的老师吕诚之先生》,《学林漫录》第四集,北京,中华书局,1981年)

又如《三国史话》,原是吕先生撰写《秦汉史》的副产品,出版之后,就很受欢迎,被视为历史通俗读物的典范之作。虞云国先生说:史学大师吕思勉既有代表其学术高度的断代史,又有通俗读物《三国史话》,"各擅胜场,令人叹绝"。(吕思勉:《三国史话》封底,北京,商务印书馆,2015年)梁满仓先生也说:"《三国史话》的大家风范,首先体现在作者强烈的历史责任意识……还表现在一些经得住时间检验的观点……《三国史话》是一部通俗历史读物,然而通俗中却包含着渊博的知识……小中见大、通俗中见高雅,《三国史话》为我们树立了典范。"(梁满仓:《〈三国史话〉的大家风范》,吕思勉:《三国史话》,北京出版社,2012年)如今,吕先生的各种著述一再重版、重印,成为民国史学家中最为大众欢迎的史家之一,说明上述史学家们的评说已经成为大家的共识。

本着这样的认识,我们在吕先生一千余万字的著述中,选择了二十余种兼具通俗性与专业性且篇幅适宜者,根据内容分为七类,分别是:通史、专门史、修身、历史分级读本、读史札记、史话和国学,组成"吕思勉著作精选",以飨读者。如最先推出的"吕思勉著作精选·专门史",收入《中国社会史》、《中国社会变迁史(附大同释义)》、《中国民族史两种》和《中国文化史六讲　中国政治思想史十讲》。何以收入此四种? 吕先生历来备受关注者,即其"两部通史、四部断代史、一种札记",但其对专门史亦非常重视。他提倡"专就一种现象的陈迹加以研究"之专门的历史,并且身体力行,在史学实践中完成社会史、民族史、文化史、政治思想史等专史著作,涵盖面很广。且其专门史常常有一种贯通的眼光,既是朝代的贯通,也是"专门"的贯通,如其讲政治思想史、文化史,则先论社会史,因此其专门之中又多贯通,体现了其"综合专门研究所得的结果,以说明一地域、一时代间一定社会的真相"的治学路径。吕思勉先生的历史著作,大多都蕴含着这种"贯通"的眼光。以此为例,是想说明我们精选吕思勉著作的用意,以及帮助读者更好地理解中国历史的希望。

为了便于查考,本书为各篇札记编了序号,并在目录中篇题后以"＊"号标注其版本出处:标＊的曾刊于《燕石札记》(商务印书馆,1937年),标＊＊的曾刊于《燕石续札》(上海人民出版社,1958年),标＊＊＊的曾刊于《论学集林》(上海教育出版社,1987年),标＊＊＊＊曾刊于《吕思勉遗文集》(华东师范大学出版社,1997年),标＊＊＊＊＊的为《吕思勉读史札记(增订本)》(上海古籍出版社,2005年)所增补,标＊＊＊＊＊＊是《吕思勉全集》(上海古籍出版社,2015年)所增补。未标星号的,均刊于《吕思勉读史札记》的初版本(上海古籍出版社,1982年)。札记中的注文,均作文中夹注;编者按语则作页下注。

目 录

〔一〕知　命①

　　《通鉴》长城公至德四年三月己未,洛阳男子高德上书,请隋主为太上皇,传位皇太子。帝曰:"朕承天命,抚育苍生,日旰孜孜,犹恐不逮,岂效近代帝王,传位于子,自求逸乐哉。"十月,隋主每旦临朝,日昃不倦。礼部尚书杨尚希谏曰:"周文王以忧勤损寿,武王以安乐延年。愿陛下举大纲,责成宰辅,繁碎之务,非人主所宜亲也。"帝善之而不能从。案至德元年,柳彧上疏劝不勤细务,已有圣躬有无疆之寿之语矣。帝亦览而善之,而终不能改者,则其勤劳出于天性故也。逸豫者未必延年。然世俗之见,固以为如是。隋文不肯自逸。以求民瘼,拟之郑文公之知命,又何愧哉。

---

　　①　曾改题为《隋文不肯自逸》。

〔二〕炀帝雁门之围

　　始毕可汗围炀帝于雁门，《旧唐书·太宗纪》云：时太宗年十八，"应募救援，隶屯卫将军云定兴营，将行，谓定兴曰：始毕敢围天子，必以国家仓卒无援。我张军容，令数十里旗幡相续，夜则钲鼓相应，虏必谓救兵云集，望尘而遁矣。不然，彼众我寡，悉军来战，必不能支矣。定兴从焉。师次崞县，突厥候骑驰告始毕曰：王师大至。由是解围而遁。"此唐人之饰说也。始毕敢围天子，岂其慑于虚声？据《隋书·炀帝纪》，帝之见围，齐王暕以后军保于崞县。云定兴军盖亦隶焉，其军实仅能自保，未能赴援也。

　　又《萧瑀传》言，瑀于是时进谋曰："汉高祖解平城之围，乃阏氏之力。若发一单使以告义成，假使无益，事亦无损。于后获其谍人，云义成公主遣使告急于始毕，称北方有警，由是突厥解围，盖公主之助也。"此亦妄言。当时告变即由义成，其乃心宗国可知，然竟不能尼始毕之兵。且时留守之事，不闻由义成主之。即北方有警，告急之使，亦岂得出自义成哉？

〔三〕唐高祖称臣于突厥

　　唐高祖称臣于突厥，新旧《唐书》皆不载其事。然《旧唐书·李靖传》谓：太宗初闻靖破颉利，大悦，谓侍臣曰："朕闻主忧臣辱，主辱臣死。往者国家草创，太上皇以百姓之故，称臣于突厥，朕未尝不痛心疾首，志灭匈奴。今者暂动偏师，无往不捷，单于款塞，耻其雪乎？"《新唐书·突厥传》云：李靖等出讨，捷书日夜至，帝谓群臣曰："往国家初定，太上皇以百姓故，奉突厥，诡而臣之，朕尝痛心病首，思一刷耻于天下，今天诱诸将，所乡辄克，朕其遂有成功乎？"《通鉴》贞观三年："十二月，突利可汗入朝，上谓侍臣曰：往者太上皇以百姓之故，称臣于突厥，朕常痛心。今单于稽颡，庶几可雪前耻。"三文所本者同，单于稽颡，自指突利入朝之事。《通鉴》叙述，最为明析。《旧唐书》虽不逮，犹留单于款塞之文，使人可以推较。《新唐书》删去此语，顾移"无往不捷"之语于前，改为"捷书日夜至"，谓太宗此语，乃为闻捷而发，可谓疏矣。观此，知高祖尝称臣于突厥不疑。《旧唐书·张俭传》："贞观初，以军功，累迁朔州刺史，时颉利可汗自恃强盛，每有所求，辄遣书称敕，缘边诸州，递相承禀。及俭至，遂拒不受，太宗闻而嘉之。"《新唐书》略同。彼之称敕于诸州，盖正由高祖之称臣于彼。《新唐书·突厥传》言：高祖初待突厥用敌国礼，武德八年，乃"命有司，更所与书为诏若敕"。疑称臣之礼，实至是而始罢,然亦不过用敌国礼。云用诏若敕者,史家讳前此之称臣为用敌国礼,则不得不改是时之用敌国礼者为用诏敕也。《通鉴》:高祖之起,命刘文静使于突厥以请兵,私谓曰:胡骑入中国,生民之大蠹也,吾所以欲得之者,恐刘武周引之,共为边患。数百人之外,无所用之。及文静以突厥兵五百人、马二千匹来至,高祖喜其缓,谓曰:吾西行及河,突厥始至,兵少马多,皆君将命之功也。_{恭帝义宁元年。}此或史家文饰之辞,高祖未必及此。然唐初确未借突厥兵以为用,则高祖之智,虽不及此,群臣之中,必有能为是谋者矣。夷狄利厚实,非爱虚名,既非急于求人,何乃无端屈己。盖唐室先世,出自武川,其自视原与鲜卑无异,以中国而称臣于突厥,则可耻矣,鲜卑则何有焉!此正犹石敬瑭称臣于耶律德光,沙陀之种,原未必贵于契丹也。

〔四〕唐太宗除弊政

《旧唐书·太宗纪》：贞观元年三月，诏曰：崔季舒子刚、郭遵子云、韦孝琰子君遵，并以门遭时遣，淫刑滥及，宜从褒奖，特异常伦，可免内侍，量才别叙。《新书》同。此自齐历周、隋至唐，市朝已三易矣。

又二年九月丁未，诏侍臣曰："妇人幽闭深宫，情实可悯，隋氏末年，求采无已，至于离宫别馆，非幸御之所，多聚宫人，皆竭人财力，朕所不取；且洒扫之余，更何所用？今将出之，任求伉俪，非独以惜费，亦人得各遂其性。"于是遣尚书左丞戴胄、给事中杜正伦等，于掖庭宫西门简出之。此亦隋代弊政，至太宗而后除者，可见武德时之政事，殊不足观也。

〔五〕太宗停薛延陀婚

　　《旧唐书·薛延陀传》：延陀请婚，"太宗谓侍臣曰：北狄世为寇乱，今延陀崛强，须早为之所。朕熟思之，惟有二策：选徒十万，击而虏之，灭除凶丑，百年无事，此一策也；若遂其来请，结以婚姻，缓辔羁縻，亦足三十年安静，此亦一策也；未知何者为先？司空房玄龄对曰：今大乱之后，创夷未复，且兵凶战危，圣人所慎。和亲之策，实天下幸甚。太宗曰：朕为苍生父母，苟可以利之，岂惜一女？遂许以新兴公主妻之。因征夷男备亲迎之礼，仍发诏将幸灵州与之会。夷男大悦，谓其国中曰：我本铁勒之小帅也，天子立我为可汗，今复嫁我公主，车驾亲至灵州，斯亦足矣。于是税诸部羊马以为聘财。或说夷男曰：我薛延陀可汗与大唐天子俱一国主，何有自往朝谒？如或拘留，悔之无及。夷男曰：吾闻大唐天子圣德远被，日月所照，皆来宾服。我归心委质，冀得睹天颜，死无所恨。然碛北之地，必当有主，舍我别求，固非大国之计。我志决矣，勿复多言。于是言者遂止。太宗乃发使受其羊马。然夷男先无府藏，调敛其国，往返且万里，既涉沙碛，无水草，羊马多死，遂后期；太宗于是停幸灵州。既而其聘羊马来至，所耗将半，议者以为夷狄不可礼义畜，若聘财未备而与之婚，或轻中国；当须要其备礼。于是下诏绝其婚。"《新唐书》略同，且曰："或曰：既许之，信不可失。帝曰：公等计非也。

昔汉匈奴强，中国不抗，故饰子女嫁单于。今北狄弱，我能制之；而延陀方谨事我者，顾新立，倚我以服众；彼同罗、仆骨力足制延陀而不发，惧我也；我又妻之，固中国婿，名重而援坚，诸部将归之。戎狄野心，能自立，则叛矣。今绝婚，使诸姓闻之，将争击延陀，亡可待也。"《旧唐书·契苾何力传》云："何力母姑臧夫人、母弟贺兰州都督沙门，并在凉府。诏许何力觐省其母，兼抚巡部落。何力父入龟兹，居热海上，死。何力随母诣沙州内附，太宗置其部落于甘、凉二州。时薛延陀强盛，契苾部落皆愿从之。何力至，闻而大惊曰：主上于汝有厚恩，任我又重，何忍而图叛逆！诸首领皆曰：可敦及都督已去，何故不行？何力曰：我弟沙门孝而能养，我以身许国，终不能去也。于是众共执何力至延陀所，置于可汗牙前。何力箕踞而坐，拔佩刀东向大呼曰：岂有大唐烈士受辱蕃庭，天地日月，愿知我心！又割左耳以明志不夺也。可汗怒，欲杀之，为其妻所抑而止。初，太宗闻何力之延陀，明非其本意。或曰：人心各乐其土，何力今入延陀，犹鱼之得水也。太宗曰：不然。此人心如铁石，必不背我。会有使自延陀至，具言其状。太宗泣谓群臣曰：契苾何力竟如何？遽遣兵部侍郎崔敦礼持节入延陀，许降公主，求何力。由是还，拜右骁卫大将军。太宗既许公主于延陀，行有日矣。何力抗表，固言不可。太宗曰：吾闻天子无戏言，既已许之，安可废？何力曰：然。臣本请延缓其事，不谓总停。臣闻六礼之内，婚合亲迎，宜告延陀亲来迎妇；纵不敢至京邑，即当使诣灵州。畏汉必不敢来，论亲未可有成，日既忧闷，臣又携离，不盈一年，自相猜忌。延陀志性很戾，若死，必两子相争，坐而制之，必然之理。太宗从之，延陀恐有诈，竟不至灵州，自后常悒悒不得志，一年而死。两子果争权，各立为主。"《新唐书》亦同。案太宗初以亲女许延陀，其欲抚合之意，可谓甚厚；而后忽决然绝婚，其间必有为之谋者。同罗、仆骨力足以制延陀，许之，则名重而援坚;绝,则诸姓将争击之,此惟固其族类,且新自其中来者,为能知其情,谓其谋出自何力,似也。然六礼婿当亲迎,恐非契苾所知;借此召至京邑,不则使诣灵州,此等深计远图,亦非武夫所及;恐何力徒请绝婚,而措置之方,则别有为之谋者。《何力传》既为何力攘功,《突厥传》又为太宗掠美耳。何力之不顺延陀,盖其早入中国,久习华风,非必尽忠唐室。部落既已从顺,延陀亦何爱于一夫,而欲固留之。且拔刀割耳,谁则见之。则其本传所云,殆皆谀墓之词类耳。夷男浅虑,盖当如其本传所言;谓其疑忌不来,恐亦故神其说;且志性很戾者,岂为失一公主悒悒而死哉?亦明为附会之辞也。是时言婚不宜绝者为褚遂良,其意亦重用兵,与房玄龄同。太宗之事四夷,文臣多尼之,武夫则多赞之。征辽之役,谏者孔多,而顺之者,独一李勣,亦是物也。

〔六〕唐初封建之敝

　　唐初如李靖、李勣、尉迟敬德、秦叔宝等战功,皆只封公,其膺王爵,唯外番君长内附,<small>如突利封北平郡王,思摩封怀化郡王。</small>以及群雄中有来降者<small>如高开道封北平郡王,罗艺封燕郡王。</small>而已。自武后欲大其族,武氏封王者二十余人,于是王爵始贱。中宗复位,遂亦封敬晖、张柬之等五王并李多祚亦王,韦后外戚追王者亦五人。《新唐书·韦嗣立传》:中宗时恩幸食邑者众,封户凡五十四州县,皆据天下上腴,随土所宜,牟取利入,为封户者,急于军兴。嗣立极言其弊,请以丁课,尽送大府,封家诣左藏支给,禁止自征,以息重困。宋务光亦言滑州七县而分封者五,国赋少于侯租,入家倍于输国,乞以封户均余州,并附租庸使岁送停封使,息驿使。是征租者,并乘驿矣。《宋璟传》:武三思封户在河东,遭大水,璟奏灾地皆蠲租。有诮三思者,谓谷虽坏而蚕桑故在,请以代租,为璟所折。《张廷珪传》:宗楚客、纪处讷、武延秀、韦温等封户在河南北,讽朝廷诏两道蚕产所宜,虽水旱得以蚕折,廷珪固争得免。可见唐时封户之受困,虽国赋不至此也。

〔七〕唐宫人至朝廷

《文昌杂录》云：唐制，天子坐朝，宫人引至殿上。故杜甫诗有户外昭容紫袖垂，双瞻御坐引朝仪之句。盖自武后临朝，女官随侍，后遂相沿为定制耳。《宋史》吕大防疏，称"唐入阁图有昭容位"，可见当日著为朝仪，至形之图画也。按《唐书》天祐二年十二月诏曰：宫妃女职，本备内任，今后每遇延英坐日，只令小黄门只候引从，宫人不得出内，由此遂罢。则唐末始革除。

〔八〕唐将帅之贪

赵瓯北《陔馀丛考》有论宋南渡后将帅之富一条,往者读之,未尝不叹息于国家之败,由官邪;官之失德,宠赂彰;宠赂之彰,武人尤甚;恢复之无成,未始不由于武夫之贪黩也。然何必宋,唐中叶后将帅之贪侈,恐有甚于宋之南渡者矣。如郭子仪非其首邪?论者乃称其侈穷人欲,而君子不之罪,何阿私所好之甚也!

安、史之败亡,乃安、史之自败,非唐人之能亡之也。当禄山、思明未死时,唐兵实未能进取,观滍水之败可知。然则朔方之兵力,实非范阳之敌,所以然者,侈为之也。肃宗之幸灵武,杜鸿渐等奉迎,而留魏少游缮治宫室。少游时为朔方水陆转运副使。少游大为殿宇幄帟皆象宫阙,诸王公主,悉有次舍,供拟穷水陆;又有千余骑,铠帜光鲜,振旅以入。帝见宫殿,不悦曰:我至此,欲就大事,安用是为?稍命去之。肃宗非恭俭之君,而犹以为过,朔方军之侈可知矣。杜陵之诗曰:"朔方健儿好身手,昔何勇锐今何愚?"岂无故哉?或曰:"云帆转辽海,粳稻来东吴,越罗与楚练,照耀舆台躯。"范阳之军则不侈乎?不知禄山之能用其众者,咱之以虏掠也。何千年尝劝贼令高秀岩以兵三万出振武,下朔方,诱诸蕃取盐、夏、鄜、坊。果如是,朔方军之根本且覆。唐是时方镇兵力,可用者惟朔方;朔方覆,抗敌且益难,禄山岂不之知?而卒不用其说者,毋亦其众歆于中国之富,驱之南向易,驱之西向难邪？其众之所以顺之者,以中国是时不习兵革,肆行虏掠,莫之亢也。逮其既入两京,所衷敛者当不少,然可掠取乎？黄巢之入长安也,其众见穷民,或抵金帛与之,其所衷敛,亦云多矣。唐之士有歆之而思起而掠取之者乎？则执山寨之民,粥诸贼人,获数十万钱而已。朔方军之所能,则随回纥剽河南,使其民以纸为裳而已矣。茹柔吐刚,是则武夫之德也！

　　不必安、史乱后也,即唐初亦已如此。唐初名将,莫如李靖。靖之平颉利也,《新唐书》云萧瑀劾靖持军无律,纵士大掠,散失奇宝。《旧唐书》云温彦博害其功,谮靖军无纲纪,致令虏中奇宝,散于乱兵之手。太宗大加责让,久之乃解。奇宝果散入乱兵之手乎？侯君集之入高昌也,史言其"私取宝物,将士知之,亦竞来盗窃,君集恐发其事,不敢制"。突厥奇宝之散失,得毋亦如是乎？《岑文本传》言孝恭之定荆州,军中将士,咸欲大掠,文本进说,孝恭乃止之。《靖传》云:是行也,"高祖以孝恭未更戎旅,三军之任,一以委靖。"则诸将之请孝恭,实请靖也。《靖传》云:诸将请孝恭而靖止之。足见孝恭能左右之也。靖陈图萧铣十策,高祖乃有攻铣之举,始谋实出于靖,得毋亦有所歆？特性较谨愿,不如君集之卤莽。又内地肆掠,事易彰露,有所顾虑而中止欤？君集之还也,有司请推其罪,诏下之狱。岑文本上疏讼之,引李广利、陈汤事,言古者万里征伐,不录其过。又曰:"将帅之臣,廉慎者寡,贪求者众。"可谓切中事情矣。万里征伐,不录其过,岂太宗所不知？而大责让靖者,文本《疏》言:高昌之役,"议者以其地在遐荒,咸欲置之度外,惟陛下运独断之明,授决胜之略。"则是役主之者帝也,怒君集而下之狱,得毋所歆亦有在正辞伐罪之外者乎？观其因失奇宝,而大责让靖,则其伐突厥,亦岂徒以其父尝诡而臣之,而思雪其耻哉？此无足诡。太宗亦武人也。建成之图太宗也,谓元吉曰:"秦王且遍见诸妃,彼金宝多有以赂遗之也,吾安得箕踬受祸?"彼秦王之金宝,果何自来哉?

文本《疏》引黄石公《军势》曰:"使智,使勇,使贪,使愚。故智者乐立其功,勇者好行其志,贪者邀趋其利,愚者不计其死。"黄石公《军势》,自为依托之书,然此数语,亦颇有理。夫战非恶事也,除旧布新实以之,以之伐罪则仁,以之御暴则义,战所以行仁义也,然以之行仁义者寡矣。

《新唐书·阿史那社尔传》曰:龟兹之役,郭孝恪之在军,"床帷器用,多饰金玉,以遗社尔。社尔不受。"此金玉岂出军时所赍邪?以遗社尔,得毋使俱有所取,则不能发其事邪? 此又一侯君集也。

魏元忠论武后时之将帅也,曰:"薛仁贵、郭待封受阃外之寄,奉命专征,不能激厉熊罴,乘机扫扑;败军之后,又不能转祸为福,因事立功;遂乃弃甲丧师,脱身而走。幸逢宽政,罪止削除,国家网漏吞舟,何以过此?"可谓痛切矣。又曰:"仁贵自宣力海东,功无尺寸,坐玩金帛,黩货无厌。"《旧唐书·魏元忠传》。则知将帅之不职,无不以好贿者。仁贵始从征辽,以白衣陷陈自旌显,似亦勇者欲行其志。然观魏元忠之言,则贪者之邀趋耳,非有志而欲行之者也。其白衣陷陈也,所谓患不得之;及既得之,自无所不至矣。故曰"鄙夫可与事君也与哉"!

《旧唐书·裴行俭传》曰:"初,平都支、遮匐,大获瑰宝,蕃酋将士愿观之,行俭因宴设,遍出历示。有马脑盘,广二尺余,文采殊绝。军吏王休烈奉盘,历阶趋进,误蹑衣,足跌便倒,盘亦随碎,休烈惊皇,叩头流血。行俭笑而谓曰:尔非故也,何至于是? 更不形颜色。"似乎大度矣,然其始之藏之何为哉? 何不以所获分赐将士乎?"诏赐都支等资产金器皿三千余事,驼马称是,并分给亲故并副使已下,数日便尽。"岂不以瑰宝多,金与驼马不足贵邪? 马燧之救邢州、临洺也,将战,约众,胜则以家赀赏;及围解,殚私财赐麾下。德宗嘉之,诏出度支钱五千万偿其财。《旧唐书·马燧传》。此固可逆知,然则其赏士也,犹储之外府也。不然,燧没后,何由以赀甲天下哉?饥岁之春,幼弟不饷;穰岁之秋,过客必食。人之情,固因其所处而异。行俭之碎马脑盘,而不形于色,果大度也哉?且果形颜色,亦岂当在宴设之际乎?《孟子》曰:"好名之人,能让千乘之国;苟非其人,箪食豆羹见于色。"《尽心》下。

〔九〕北狄嗜利①

事有不谋而合者,辽兴宗求关南地于宋,宋使富弼报之。《宋史》记其事,谓弼说契丹主曰:"北朝与中国通好,则人主专其利,而臣下无获,若用兵,则利归臣下,而人主任其祸,故劝用兵者,皆为身谋耳。"契丹主惊曰:"何谓也?"弼曰:"晋高祖欺天叛君,末帝昏乱,土宇狭小,上下离叛,故契丹全师独克;然壮士健马,物故大半。今中国提封万里,精兵百万,法令修明,上下一心,北朝欲用兵,能保其必胜乎? 就使其胜,所亡士马,群臣当之欤? 抑人主当之欤? 若通好不绝,岁币尽归人主,群臣何利焉?"契丹主大悟,首肯者久之。明日,刘六符谓弼今惟有结婚可议耳。弼曰:"婚姻易生嫌隙。本朝长公主出降,赍送不过十万缗,岂若岁币无穷之利哉?"其后弼再往契丹,遂不复求婚,专欲增币。夫就宋辽二史观之,兴宗皆似有大志,非可以区区岁币饵者。读史者或疑《宋史·弼传》之辞为不实。然《辽史·兴宗纪》亦云弼为兴宗言,大意谓辽与宋和,坐获岁币,则利在国家,臣下无与;与宋交兵,则利在臣下,害在国家。兴宗感其言,和好始定。《辽史》未必取材于宋,则《宋史·弼传》之言初非不实矣。《旧唐书·郑善果传》:从兄元璹,突厥寇并州,高祖令墨琦充

---

① 曾改题为《富弼劝辽兴宗不用兵》。

使招慰。元璹谓颉利曰："汉与突厥，风俗各异。汉得突厥，既不能臣；突厥得汉，复何所用？且抄掠资财，皆入将士，在于可汗，一无所得；不如早收兵马，遣使和好，国家必有重赉，币帛皆入可汗，免为劬劳，坐受利益。大唐初有天下，即与可汗结为兄弟，行人往来，音问不绝。今乃舍善取怨，违多就少，何也？"颉利纳其言，即引还。与富弼之折辽兴宗，如出一辙。然则兴宗亦颉利之伦，宋辽两史所载，一似志在拓地之雄主，盖未得其实也。果其志在拓地，富弼安得以财利为言，取笑异国？而兴宗亦安能遽听之乎？然则史事之增饰不实者多矣。兴宗之求地，未必不出于臣下之怂恿；而其臣下之怂恿，未必不以虏掠之利动之。富弼固窥见其微，乃以是折之也。夫弼岂知郑元璹之所为而师之哉？其所遇者同，其所以应之之术自不得不同也。然则北虏之嗜利深矣。

原刊《光华大学半月刊》，一九三六年出版

〔一○〕 金初官制

　　《金史·百官志》:"金自景祖,始建官属,统诸部,以专征伐,巋然自为一国。其官长皆称曰勃极烈。故太祖以都勃极烈嗣位,太宗以谙班勃极烈居守。谙班,尊大之称也。其次曰国论忽鲁勃极烈。国论,言贵,忽鲁,犹总帅也。又有国论勃极烈,或左右置,所谓国相也。其次诸勃极烈之上,则有国论,乙室,忽鲁,移赍,阿买,阿舍,吴,迭之号,以为升拜宗室功臣之序焉。其部长曰孛堇,统数部者曰忽鲁。凡此,至熙宗定官制皆废,其后惟镇抚边民之官曰秃里。乌鲁图之下,有扫稳,脱朵。详稳之下,有么忽,习尼昆。此则具于官制而不废。皆踵辽官名也。"此段文字,殊欠清晰。其《国语解》云:"都勃极烈,总治官名,犹汉云冢宰。谙版勃极烈,官之尊且贵者。国论勃极烈,尊礼优崇,得自由者。胡鲁勃极烈,统领官之称。移赍勃极烈,位第三曰移赍。阿买勃极烈,治城邑者。乙室勃极烈,迎迓之官。札失哈勃极烈,守官署之称。昃勃极烈,阴阳之官。迭勃极烈,倅贰之官,诸纠详稳,边成之官。诸移里堇,部落墟寨之首领。秃里,掌部落词讼,察非违者。乌鲁古,牧圉之官。"胡鲁,即忽鲁。国论勃极烈,忽鲁勃极烈,据解乃两官,而《志》误合为一。下又重出国论勃极烈之名。"则有国论,乙室,忽鲁,移赍,阿买,阿舍,吴,迭之号"句,国论,忽鲁又重出。阿舍,即《解》之札失哈。吴为昃字之误。盖此诸号，至熙宗皆废，故作史者亦不可能了然也。《桓赧散达传》："国相雅达之子也。雅达之称国相，不知其所从来。景祖尝以币与马求国相于雅达。雅达许之。景祖得之，以命肃宗。其后撒改亦居是官焉。"案《辽志》：属国职名，有左相、右相。又载景宗保宁九年，女直国来请宰相，夷离堇之职，以次授者二十一人。则雅达之国相，心受诸辽，故须以币与马求之。然则金初国论勃极烈为最尊之官，都勃极烈，谙版勃极烈，皆后来所设，故移赉勃极烈位居第三也。

《志》又云："诸纠详稳一员，掌戍守边堡。么忽一员，掌贰详稳。习尼昆，掌本纠差役等事。""诸移里堇司。移里堇一员，分掌部族村寨之事。""诸秃里。秃里一员，掌部落词讼，访察违背等事。""诸群牧所，国言谓乌鲁古。提控诸乌鲁古一员。又设扫稳、脱朵，分掌诸畜，所谓牛马群子也。"此等序谓踵辽官名，其下皆无勃极烈字。然则凡有勃极烈字者，皆女真之旧也。金初官制大略可见矣。

〔一一〕明末贪风之害

《明史·梁廷栋传》：崇祯三年秋，"廷栋以兵食不足，将加赋。因言今日闾左虽穷，然不穷于辽饷也。一岁中阴为加派者，不知其数。如朝觐、考满、行取、推升，少者费五六千金，合海内计之，国家选一番守令，天下加派数百万。巡抚查盘、访缉，馈遗谢荐，多者至二三万金。合天下计之，国家遣一番巡方，天下加派百余万。而日民穷于辽饷，何也？臣考九边额设兵饷，兵不过五十万，饷不过千五百三十余万，何忧不足？故今日民穷之故，惟在官贪，使贪风不除，即不加派，民愁苦自若。使贪风一息，即再加派，民欢忻亦自若。"此说最为痛快，历代民之所病，未有在于法令之所明取者。使以私租为官赋，此外遂绝无所取，民未必其疾首蹙额也。但必不能所取耳。

〔一二〕清建储之法

清圣祖时,诸子争立,允礽再废,其后遂未立储。雍正元年,世宗亲书所欲立者之名,藏诸正大光明扁额之后,后遂沿为成法。此虽不必遂善,然亦家天下之世防弊之一法也。然此法实因内宠而后立。《清史稿·诸王传》:端慧太子永琏,高宗第二子,乾隆三年十月殇,年九岁,十一月,谕曰:"永琏乃皇后所生,朕之嫡子。聪明贵重,气宇不凡,皇考命名,隐示承宗器之意。朕御极后,恪守成式,亲书密旨,召诸大臣藏于乾清宫正大光明榜后。是虽未册立,已命为皇太子矣。今既薨逝,一切典礼,用皇太子仪注行。旋册赠皇太子,谥端慧。"又:"哲亲王永琮,高宗第七子,与端慧太子同为嫡子,端慧太子薨,高宗属意焉。乾隆十二年十二月,以痘殇,方二岁。上谕谓先朝未有以元后正嫡绍承大统者,朕乃欲行先人所未行之事,邀先人不能获之福,此乃朕过耶?命丧仪视皇子从优,谥曰悼敏。"观此,知二子不死,世宗所立之法,未必不又废于高宗时也。

〔一三〕 唐代市舶一

　　市舶之职，盛于宋实始于唐。然唐代之市舶使，似非如宋代为征榷之要司也。《旧唐书·玄宗纪》：开元二年十二月，"右威卫中郎将周庆立为安南使舶使，与波期僧广造奇巧，将以进内。监选使、殿中侍御史柳泽上书谏，上嘉纳之。"又《代宗纪》：广德元年十二月甲辰，"宦官市舶使吕太一逐广南节度使张体，纵下大掠广州。"终唐之世，因市舶而遣使，姓名可考者，惟此二人而已。《通考》即仅举此二人。庆立之事，亦见《新唐书·柳泽传》，使名作市舶，不作使舶。然窃疑使舶并非误字，后来市舶之名通行，传泽事者乃从而改之耳。至"波期"为"波斯"之误，则无足疑也。太一之事，亦见两《唐书·韦伦传》。《旧唐书》云：代宗以中官吕太一于岭南矫诏募兵为乱，乃以伦为韶州刺史、兼御史中丞、韶连柳三州都团练使，竟遭太一用赂反间，贬信州司马。《新唐书》略同，惟柳州作郴州。郴于韶、连为近，似当从之。《通鉴》则系其事于十一月，云："宦官广州市舶使吕太一发兵作乱，节度使张休弃城，奔端州。太一从兵掠焚，官军讨平之。"节度使之名，似当以《鉴》为是；俗书"体"字从人从本，因此乃误为"体"。云发兵，盖即发其矫诏新募之兵；旧兵则当隶节度，太一恐不易擅发也。云官军讨平之，一似其乱不旋踵而定者，盖终言之；其事实不在即时，不然，则唐朝不必更遣韦伦矣。至其记事早于《唐纪》一月，则《唐纪》盖据奏报到日书之，《通鉴》必有所据也。

《通鉴注》云："唐置市舶使于广州，以收商舶之利，时以宦者为之。"明其并非经制。两《唐书·卢奂传》，皆附其父怀慎传后。皆谓其官南海有清节，中使之市舶者，亦不敢干其法。又《旧唐书·卢钧传》言：钧为广州刺史、岭南节度使。南海有蛮舶之利，珍货毕凑。旧帅作法兴利以致富，凡为南海者，靡不捆载而还；钧遣监军领市舶使，而己一不干与。则立法皆由节度，使名亦所兼领，别遣乃出偶然，故姓名可考者甚希也。大权既在节镇，中使盖无能为，太一乃激而生变耳。

原刊一九四九年三月二十日《东南日报》

〔一四〕唐代市舶二

　　唐代管理市舶之权，实在交、广节镇，故居是职而以清廉或贪墨闻者特多。《旧唐书·卢奂传》："天宝初，为晋陵太守，时南海郡利兼水陆，瑰宝山积，刘巨鳞、彭杲《新唐书》作杲。相替为太守、五府节度，皆坐臧巨万而死。乃特授奂为南海太守，遐方之地，贪吏敛迹，人用安之。以为自开元以来四十年，广府节度清白者有四，谓宋璟、裴伷先、李朝隐及奂。"又《李勉传》：大历四年，"除广州刺史，兼岭南节度观察使。前后西域舶泛海至者岁才四五，勉性廉洁，舶来都不检阅，故末年至者四十余。在官累年，器用车服无增饰。及代归，至石门，停舟，悉搜家人所贮南货犀象诸物，投之江中，耆老以为可继前朝宋璟、卢奂、李朝隐之徒。"此数君盖当时最以清节著闻，藉藉人口者也。《新唐书》皆略同。惟《奂传》无裴伷先之名，而曰："时谓自开元后四十年，治广有清节者，宋璟、李朝隐、奂三人而已。"案伷先，两《唐书》皆附其从父炎传。《旧唐书》无事迹，《新唐书》谓其流北廷时，"无复名检，专居贿，五年至数千万。娶降胡女为妻，妻有黄金骏马牛羊，以财自雄。养客数百人。自北廷属京师，多其客，诇候朝廷事，闻知十常七八。"盖以为跅弛非廉隅之士，故于《奂传》芟其名。然伷先是时之志，盖欲以有所为，不得绳以小节。且人固有瑕瑜不相掩，亦有后先易辙者。伷先纵早岁跅弛，亦不害其晚节之能饬廉隅，更谓其不廉；而时人以与璟、朝隐、佚并称，自系当时舆论。著其事而斥其论之不允可也，改易其事，而谓舆论所称，只有三人，则缪矣。若谓其无实迹可指，则两《唐书·李朝隐传》，亦皆不列其广政迹；《宋璟传》虽举其政绩，亦不及其清廉。须知史事遗落者极多，正籍此等单辞片语以补足之也。又《李勉传》谓其在广末年蕃舶至者四十余，勉既在官累年，则自非其至广明年之事，《新唐书》乃谓勉既廉絜，又不暴征，明年至者四千余柁。沈德潜曰："夷舶至者四十余，未见不暴征之效也，《新唐书》为允。"殿本《考证》。何以十倍之数，不足见宽政之效，而必有待于千倍？且夷舶至者，岂易增至千倍乎？此"千"字恐正是"十"字之误，不足为子京咎。然以勉居官之末年为明年，则必子京之疏矣，信乎文士之不可以修史也。

卢佚等外，《唐书》称其清廉者，又有王方庆、名綝，以字行，《新唐书》作㑭。孔戣、《新旧唐书》皆附其从父巢父传。马总、郑絪、萧俛、《旧唐书》附其从兄俛传，《新唐书》自有传。李尚隐、冯立、刘崇龟、《新唐书·刘政会传》。韦正贯等。《新唐书》附其从兄皋传。又卢钧，已见上条。著其贪墨者，则有遂安公寿、见《旧唐书·卢祖尚传》。路元睿、见两《唐书·王方庆传》。路嗣恭、王锷、王茂元、郑权、胡证、李象古、嗣曹王皋之子。徐浩、韩约、见《新唐书·李郑二王贾舒传》。郎余庆、见《新唐书·儒学传》，附其弟余令后。而李琢为安南都护，侵刻獠民，致府为蛮人所陷，征兵赴援，骚动累年，诒祸尤巨。见《旧唐书·懿宗纪》。路嗣恭起郡县吏至大官，皆以恭恪为理，而平哥舒晃之乱，多诛商舶之徒，四字见《旧唐书》本传，谓与商舶有关涉者也，《新唐书》改作舶商，殊欠审谛。前后没其家财宝数百万贯。徐浩以文雅称，及授广州，多积货财，为时论所贬。信乎不见可欲，使心不乱乎？柳泽谏玄宗语。然刘崇龟为广州，姻旧或干以财，但写《荔支图》与之，可谓廉矣，而不能防检其家，既殁，有鬻珠翠羽者，由是名损。孔戣清节尤著，而长庆中亦有告其在南海时家人受赂者。即李勉，虽能搜家人所贮而投之江，亦不能禁家人之不贮之也。则信乎权利之地之不易居也。萧俶之为岭南也，南海多縠纸，俶敕子弟缮写缺落文史。子廪曰：此去京师，水陆万里，书成不可露赍，当须篋笥，人观兼乘，谓是货财，薏苡之嫌，得为深戒。俶曰：吾不之思也。乃止。此事与吴祐谏其父恢大相类，恐出附会。然好名者以此自饰，则此嫌之仍不易泯可知矣。

　　徐浩之罢岭南，以瑰货数十万饷元载。见《新唐书·李栖筠传》。载故贪墨，不足道也。杨炎救时相，郑注尤奇材，非没溺于利者，而《路嗣恭传》言：嗣恭没商舶之徒家财，尽入私室，不以贡献，代宗心甚衔之，故赏不酬劳。及德宗即位，杨炎受其货，始叙前功。《薛存诚传》云："郑权因郑注得广州节度。权至镇，尽以公家珍宝赴京师，以酬恩地。"则虽贤者亦不免随波矣。《郑权传》云："权出镇，有中人之助，南海多珍货，权颇积聚以遗之，大为朝士所嗤。"此据《旧唐书》。《新唐书》云："多裒赍珍，使吏输送，凡帝左右助力者皆有纳焉。"观此，知权所贿者，实不仅郑注一人。《旧唐书·薛存诚传》"以酬恩地"之言，亦非指注言之也。《新唐书》改云悉盗公库珍货输注家，亦欠审谛。则中人之利此者甚多，此吕太一所由能败韦伦乎？毋亦市舶多以中人为使，为以教猱升木邪？郑权虽为朝士所嗤，然路嗣恭之子恕，私第有佳林园，自贞元初迄元和末，朝之名卿，咸从之游，则士夫虽口诋中人，又未尝不沾其润泽矣。王茂元为岭南，蛮落安之，然积聚家财巨万计。李训之败，中官利其财，掎摭其事，言茂元因王涯、郑注见用，茂元惧，罄家财以赂两军，仅免。胡证以宝历二年节度岭南，大和二年卒，为时不及三年，卒时年七十一矣，而史言其善蓄积，务华侈，厚自奉养，童奴数百，于京城修行里起第，连亘闾巷；岭表奇货，道途不绝，京邑推为富家。当时官岭南者致富之易，与士大夫之没溺而不知止，可以概见。证素与贾𫗧善，及李训败，禁军利其财，称其子澱匿𫗧，乃破其家，一日之内，家财并尽。军人执溆入左军，仇士良命斩之以徇。则尚不如茂元之克全其生命矣。象有齿以焚其身，岂不哀哉！

《旧唐书·酷吏·敬羽传》："胡人康谦善贾，资产亿万计。杨国忠为相，授安南都护。至德中，为试鸿胪卿，专知山南东路驿。人嫉之，告其阴通史朝义。《新唐书》略同。又《安禄山传》云谦"上元中，出家赀佐山南驿禀，肃宗喜其济，许之，累试鸿胪卿。婿在贼中，有告其叛，坐诛"。"喜其济"三字不辞，疑有夺误。谦髭须长三尺，过带；按之两宿，鬓发皆秃，膝踝亦栲碎，视之者以为鬼物，非人类也。乞舍其生，以后送状奏杀之，没其资产。"以好贿而任胡人为都护，而胡人亦卒以冒进杀其躯，具见是时宠赂之彰，纪纲之大坏也。

交、广之暗无天日如此，故冒利者多甘心焉，如郑权以家人数多，俸入不足，而乞助于中人以求之，是也。然士大夫之视为畏途者究多。卢祖尚许太宗至交州，已而悔之，太宗怒，斩之朝堂。虽失刑，然交、广择人之难，亦可想见。李纲在隋世，为杨素所排，乃因刘方之讨林邑，言于文帝曰："林邑多珍宝，自非正人不可委。"因言纲可任，文帝遂以纲为行军司马。《旧唐书·李纲传》。玄宗尝大陈乐于勤政楼，既罢，兵部侍郎卢绚按辔绝道去，帝爱其酝藉，称美之。明日，李林甫召绚子曰："尊府素望，上欲任以交、广，若惮行，且当请老。"绚惧，从之。《新唐书·李林甫传》。皆可见时人心目中，视交、广为何如地也，此开拓新地之所以不易欤！

原刊一九四九年三月二十日《东南日报》

〔一五〕唐代市舶三

　　《新唐书·韦皋传》：皋弟子正贯，"擢岭南节度使。南海舶贾始至，大帅必取象犀明珠，上珍而雠以下直。正贯既至，无所取，吏咨其清。"又《卢钧传》："擢岭南节度使。海道商舶始至，异时帅府争先往，贱雠其珍，钧一不取，时称絜廉。"先官买而后听其与民交易，官买与私买异直，此盖相沿榷法，而官吏因之自润，虽伤廉，究犹有所借口也。《孔戣传》："旧制：海商死者，官籍其赀，满三月无妻子诣府，则没入。戣以海道岁一往复，苟有验者，不为限，悉推与。"户绝者赀产入官，中国法亦如是，初非歧视蕃商；然海道岁一往复，则不应三月即没入，盖故立苛例以规利也。《传》又云："蕃舶泊步有下碇税，始至有阅货宴，所饷犀琲，下及仆隶，戣禁绝，无所求索。"此等则如后世之规费，以馈遗之名取之，于法无所影附矣，虽禁岂能真绝？所饷下及仆隶，此李勉北归时，家人所由有南货之藏欤？抑此等虽云非法，亦当皆有旧规，然贪取者之情，又不能以是为足，此则昆仑之所以一怒而戕路元叡欤。《旧唐书·波斯传》：乾元元年，波斯与大食同寇广州，《新唐书》作袭广州。劫仓库，焚庐舍，《新唐书》作焚仓库庐舍。浮海而去。彼为通商来，交易足以求利，何事称戈以叛？疑亦必有激之使然者也。

　　当时贪墨之吏，非仅取之商舶也，并有诛求于土酋者。《隋书·

食货志》言：晋自寓居江左，"岭外酋帅，因生口翡翠明珠犀象之饶，雄于乡曲者，朝廷多因而署之，以收其利。历宋、齐、梁、陈，皆因而不改。"可见土酋因蕃舶致富者之多。《权武传》：武检校潭州总管，"多造金带，遗岭南酋领，其人答以宝物，武皆纳之，由是致富。"此尚为取不伤廉。若贪暴之徒，则其所为，盖有不可忍者，此李琢之所以招蛮寇也。冯盎族人子猷，贞观中入朝，载金一舸自随。《新唐书·冯盎传》。杨思勖破陈行范，获口马金玉巨万计，《旧唐书·杨思勖传》。王方庆之督广州，管内诸州首领，旧多贪纵，百姓有诣府称冤者，府官以先受首领参饷，未尝鞫问，方庆乃集止府寮，绝其交往，首领纵暴者悉绳之，由是境内清肃。《旧唐书·王方庆传》。此等，皆可见南方土酋之富，及官吏与之交关者之多也。

原刊一九四九年三月二十日《东南日报》

〔一六〕唐代市舶四

蕃舶之利，虽多入贪官囊橐，亦未尝于国用无裨，江左暨岭外酋帅以收其利，其最显然者矣。韦坚之开广运潭也，别各郡之船，各于栿背上积其郡之所产，南海郡船积瑇瑁、真珠、象牙、沈香，《旧唐书·韦坚传》。可见其为常贡之物。《新唐书·徐申传》：申进岭南节度使，外蕃岁以珠、瑇瑁、香、文犀浮海至，申于常贡外，未尝剩索，商贾饶盈。可见其贡有常额。《薛存诚传》谓郑权所以酬恩者，悉系盗诸公库，又可见其有关地方经费矣。五代时闽、广进奉中原者，犹以南货多。《旧五代史》梁太祖开平元年，广州进奇宝名药，品类甚多，又进龙脑、腰带、珍珠枕、瑇瑁、香药等。二年，福州贡瑇瑁琉璃犀象器，并珍玩、香药、奇品、海味，色类良多，价累千万。四年，广州贡犀玉，献舶上蔷薇水。乾化元年，广州贡犀象奇珍及金银等，其估数千万。安南两使留后曲美进筒中蕉五百匹，龙脑、郁金各五瓶，他海货等有差。又进南蛮通好金器六物，银器十二，并乾陀绫花缦越毡等杂织奇巧者各三十件。皆见《本纪》。《欧史·南汉世家》，载宋之兴，刘铢将邵廷琄劝铢修兵以备，不然，则悉珍宝奉中国，遣使以通好。逮潘美师至，龚澄枢、李托等谋曰："北师之来，利吾国宝货耳，焚为空城，师不能驻，当自还也。"乃尽焚其府库宫殿，而铢以海舶十余悉载其珍宝嫔御，欲以入海。其视宝货之重如此。黄巢之攻广州也，丐为安南都护、广州节度使。郑畋欲因以縻之，于琮言南海市舶利不赀,贼得之益富而国用屈,乃止。见《新唐书·巢传》及两《唐书·政传》。可见其有裨度支,由来已久也。《旧唐书·王锷传》:"迁广州刺史、岭南节度使。广人与夷人杂处,地征薄而丛求于川市。锷能计居人之业而榷其利,所得与两税相埒。以两税钱上供,时进及供奉外,余皆自入。西南大海中诸国舶至,则尽没其利,由是锷家财富于公藏。"此可见平时上供,亦不能无借于舶利也。周庆立作淫巧以荡上心,敬宗侈宫室而舶贾献沈香材,见《新唐书·宗室传》。固非所语于经制也。

《隋书·南蛮传》言,文帝之征林邑,乃由天下无事,而群臣言其多奇宝。此似非文帝之所为,观其用一行军司马,尚因杨素之言而属意于李纲可知也。然《旧唐书·丘和传》言,和为交趾太守,林邑之西诸国,并遣遗和明珠、文犀、金宝,萧铣闻而利之,乃命甯长真渡海侵和。则事殊不敢保其必无。铣在群雄中,亦尚为知治体者也。其甚者,乃至如刘晟遣暨彦赟以兵入海,略商人金帛矣。亦见《欧史·世家》。

原刊一九四九年三月二十日《东南日报》

〔一七〕唐代市舶五

　　蕃舶载来岭表之物，何由流行全国乎？《旧唐书·王锷传》谓锷"日发十余艇，重以犀象珠贝，称商货而出诸境。《新唐书》曰：与商贾杂出于境。周以岁时，循环不绝，凡八年。京师权门，多富锷之财"。则其转输，殆与凡商货无异，亦可谓盛矣。又《懿宗纪》：咸通四年七月朔，制曰："安南溪峒首领，素推诚节，虽蛮寇窃据城壁，而酋豪各守土疆。如闻溪峒之间，悉藉岭北茶药，宜令诸道，一任商人兴贩，不得禁止往来。"溪峒之于茶药，亦必有以南货相易者。要之商旅既通，即无虑其物之不得流衍也。

　　抑当时贾胡踪迹，亦不限于交、广。《旧唐书·邓景山传》，言其引田神功以讨刘展，神功至扬州，大掠居人资产，鞭笞发掘略尽，商胡大食、波斯等商旅，死者数千人。《神功传》曰"商胡波斯被杀者数千人"。《新唐书》皆略同。可见商胡居扬州者之众。犹曰扬一益二，其富庶固冠海内也。《新唐书·赵弘智传》：兄弘安，曾孙矜，客死柳州，官为敛葬。后十七年，子来章始壮，自襄阳往求其丧，不得，野哭。再阅旬，卜人秦诇为筮曰："宜遇西人，深目而髯，乃得其实。"明日，有老人过其所，问之，得矜墓，遂归葬弘安墓次。此所谓西人，必贾胡也，其踪迹深入今之粤西，且居之颇久矣。

　　《旧五代史》：唐庄宗平蜀，得金银共二十二万两，珠玉犀象二万。此亦南珍。《旧唐书·张柬之传》：柬之谏戍姚州，谓珍奇之贡不入。则自今缅甸经滇西入蜀之路未必通，盖亦自交、广来者。又《新五代史·吴越世家》，谓钱氏多掠得岭海商贾宝货，亦可见其物之北上者不少也。又《闽世家》言：王审知招来海中蛮夷商贾；海上黄崎，波涛为阻，一夕风雨，雷电震击，开以为港，闽人以为审知德政所致，号为甘棠港。此蒙蕃舶之利者归美之辞也。可见五代时闽中蕃舶亦盛，其物或有逾杉岭而入吴越者，钱氏所掠，不必皆来自岭南也。

原刊一九四九年三月二十日《东南日报》

〔一八〕赐　田

　　《旧唐书·于志宁传》：志宁与张行成、高季辅俱蒙赐地。奏曰："臣居关右，代袭箕裘，周、魏以来，基址不坠。行成等新营庄宅，尚少田园。于臣有余，乞申私让。"高宗嘉其意，乃分赐行成及季辅。《新书·李袭志传》：弟袭誉，尝谓子孙曰："吾性不喜财，遂至窭乏。然负京有赐田十顷，能耕之足以食；河内千树桑，事之可以衣。"《牛僧孺传》："隋仆射奇章公弘之裔。幼孤，下杜樊乡，有赐田数顷，依以为生。"皆见士大夫之于赐田，守之颇久。王者之于土地，贵能予亦能夺，乃足以明赏罚而行惩劝；若贵人守之太久，则平民得之愈难，王公何以戒慎？民萌何以劝勉？隋文帝时，苏威立议，以为户口滋多，民田不赡，欲减功臣地以给民。而王谊曰："百官者，历世勋贤，方蒙爵土，一旦削之，未见其可。如臣所虑，正恐朝臣功德不建，何患人田有不足？"上然之，竟寝威议。隋文盖不欲失功臣之欢心也，谊之言则可谓悖矣。

　　元世赐田最多，别见《辽金元时赐田占田之多》条。然拘还者亦多。如《元史·武宗纪》：至大二年，九月，御史台臣言："比者近幸为人奏请，赐江南田千二百三十顷，为租五十万石，乞拘还官。"从之。《顺帝纪》：至正二年，六月，命江浙拨赐僧道田还官征粮，以备军储。皆其大焉者也。此盖赐田太多，不得不然。亦有既拘还复赐之者,如《成宗纪》:大德九年,十月,赐安南王陈益稷湖广地五百顷。《仁宗纪》:至大四年,九月,益稷入见,言"有司拘臣所授田,就食无所"。帝谓省臣:"授田如故。"《武宗纪》:大德十一年,时赐田悉夺还官,以月赤察儿自世祖时积有勋劳,以前后所赐合百顷与之。详见《辽金元时赐田占田之多》条。至大元年,六月,以没入朱清、张瑄田产隶中宫,立江浙财赋总管府、提举司。三年,十一月,以清子虎,瑄子文龙往治海漕,以所籍宅一区、田百顷给之。《顺帝纪》:至元二年,二月,诏以世祖所赐王积翁田八十顷还其子都中,亦见传。皆是也。

〔一九〕唐武宗时僧尼所有田亩平均数

　　《新唐书·食货志》：武宗废浮屠，天下毁寺四千六百，招提兰若四万。籍僧尼为民二十六万五千人，奴婢十五万人，田数千万顷。以人数除田，近于人得一顷，似亦与民间小康之家无异。然俗人须赡八口，僧尼徒奉一身；又俗人吊死问疾等耗费多，僧尼不徒无之，尚可受布施也，此度牒之所以贵欤？

〔二○〕质田以耕

《新唐书·卢群传》：郑滑节度行军司马姚南仲入朝，以群代节度。"群尝客于郑，质良田以耕。至是则出券贷直，以田归其人。"一似群质田时尝躬耕，或佣力而督之耕者。然《旧唐书·传》云："先寓居郑州，典质良田数顷。及为节度使，至镇，各与本地契书。分付所管令长，令召还本主。"则其田实散在诸县，不徒躬耕，即佣人而督之耕，亦力所不及也。《新唐书》之辞，殊为失实。

〔二一〕 田业卖质无禁

《金史·食货志·田制》曰："民田业各从其便,卖、质于人无禁,但令随地输租而已。"此为道地之私有制,即所谓无制度也。《新唐书·食货志》述开元时事云:"初,永徽中禁买卖世业、口分田。其后豪强并兼,贫者失业。于是诏买者还地而罚之。"案《新唐书·长孙无忌传》:长孙顺德,太宗时刺泽州,前刺史张长贵、赵士达占部中腴田数十顷,夺之以给贫单。《旧唐书·良吏传》:贾敦颐,永徽五年迁洛州刺史,时豪富之室,皆籍外占田;敦颐都括获三千余顷,以给贫乏。《新唐书》云:举没三千余顷。此亦令买者还地之类。租庸调法存时,自不得不然。其后租庸调法虽废,盖亦未颂言可以卖、质,北宋之世犹然,至金世,乃有卖、质无禁之说。《金史》此言,自有所本也。

〔二二〕农民所需田亩之数

一农民究须得田若干，乃可自活，此随时随地而不同者也。盖土愈沃，则所需之数愈少；时愈晚，则耕作之法愈精，所需之数亦愈少也。李悝尽地力之教，言一夫挟五口，治田百亩，岁收百五十石，则亩得一石半。此说当较近情实。晁错言农夫五口之家，其服役者不下二人，其能耕者不过百亩，百亩之收，不过百石，则约略言之耳。古百亩仅当今三十余亩，一石亦仅得今二斗。则今三十亩之地，在当时岁收今三十石也。《宋史·食货志》曰："天下垦田，景德中，丁谓著《会计录》云，总得一百八十六万余顷。以是岁七百二十二万余户计之，是四户耕田一顷。繇是而知天下隐田多矣。"意以四户耕一顷为少。而林勋《本政书》，欲使民一夫占田五十亩。亦见《志》，又见本传。《金史·食货志》：大定二十七年，"随处官豪之家，多请占官地，转与他人种佃，规取课利。命有司拘刷见数，以与贫难无地者，每丁授五十亩，庶不致失所。余佃不尽者，方许豪家验丁租佃。"则五十亩者，宋时人所能耕，而亦其自养之所需也。五十亩足以自养，故百亩为多。《明史·钱士升传》：附《钱龙锡传》。崇祯七年，"武生李琎，请括江南富户，报名输官，行首实、籍没之法。"士升疏驳之，曰："其曰搢绅豪右之家，大者千百万，中者百十万，以万计者不能枚举，此说当系以银两或缗钱计，颇失之夸。顾亭林《菰中随笔》引《龚子乌言》曰："今江南虽极大

之县,数万金之富,不过二十家;万金者倍之;数千金者又倍之;数百金以下稍
殷实者,不下数百家。"估计较近情实。据《经世文编》卷八引。臣不知其所
指何地。就江南论之,富家数亩以对,百计者什六七,千计者什三
四,万计者千百中一二耳! 江南如此,何况他省?"固亦列百亩于富
家矣。《徐问传》言其"田不满百亩",《吴岳传》亦曰"田不及百亩",
二人固皆清廉,又未必能躬耕,然亦勉可自活,可见百亩在其时为已
多也。斯时制民之产者:绍兴六年,张浚奏改江淮屯田为营田。
"以五顷为一庄,募民承佃。其法:五家为保,共佃一庄,别给十亩
为蔬圃。"《宋史·食货志》。元世祖至元二十八年,七月,"募民耕江南
旷土,户不过五顷。官授之券,俾为永业。三年后征租。"成宗元贞
元年,十二月,"也速带而之军,因李璮乱去山东,其元驻之地,为人
所垦,岁久成业,争讼不已。命别以境内荒田给之,正军五顷,余丁
二顷,已满数者不给。"大德元年,十二月,"徙襄阳屯田合刺鲁军于
南阳,户受田百五十亩。"泰定帝泰定三年,正月,"以山东、湖广官
田,赐民耕垦,人三顷。"皆见《本纪》。此等皆系荒地,故所授较多,非
寻常情形也。《元史·良吏·观音奴传》:"宁陵豪民杨甲,凤嗜王乙
田三顷,不能得。直王以饥,携其妻就食淮南,而王得疾死,其妻还,
则田为杨据矣。"又《孝友·魏敬益传》:"雄州容城人。有田仅十六
顷。此仅字为几之义,意以为多,非以为少。唐、宋时人用仅字多如此。如
《旧唐书·张延赏传》,言其为剑南节度,"蜀土残弊,荡然无制度,延赏薄赋约
事,动遵法度,仅至庶富"是也。一日,语其子曰:自吾买四庄村之田十
顷,环其村之民皆不能自给,吾深悯焉。今将以田归其人。汝谨守
余田,可无馁也。乃呼四庄村民,强与之。"有田三顷,而一遇饥荒,
即须携妻就食于外;十六顷去十顷,尚得六顷,乃守之仅足无馁;皆
不可解,盖记者不详也。

〔二三〕田亩隐匿

　　《明史·食货志》：洪武二十六年，核天下土田，总八百五十万七千六百二十三顷，盖骎骎无弃土矣。弘治十五年，天下土田，止四百二十二万八千五十八顷，不及洪武之半，殊不合情理。犹可诿曰政事废弛也。张居正之丈量，可云严切矣，且史言其"尚综核，颇以溢额为功，有司多改小弓，以求田多，或掊克见田，以充虚额"。而其田数总计，为"七百一万三千九百七十六顷"，亦尚不逮洪武。此可见一经隐匿，核实之难，亦可见历代户口、田亩之数，无一非儿戏之流，去实际甚远矣。

〔二四〕流民田产

　　流民田产,当如何措置,此一颇难处之事也。《宋史·食货志》:
至道二年,太常博士、直史馆陈靖上言:"今京畿周环二十三州,幅员
数千里,地之垦者,十才二三;税之入者,又十无五六。复有匿里舍
而称逃亡,弃耕农而事游惰。赋额岁减,国用不充。诏书累下,许民
复业,蠲其租调,宽以岁时。然乡县扰之,每一户归业,则刺报所由。
朝耕尺寸之田,暮入差徭之籍,追胥责问,继踵而来,虽蒙蠲其常租,
实无补于捐瘠。况民之流徙,始由贫困,或避私债,或逃公税。亦既
亡遁,则乡里检其资财,至于室庐什器,桑枣材木,咸计其直,或乡官
用以输税,或债主取以偿逋;生计荡然,还无所诣,以兹浮荡,绝意归
耕。"欲"授以闲旷之田","许令别置版图","候至三五年间,生计成
立",乃"计户定征,量田授税"。此固一策。然垦荒与复故业孰易?
且此二十三州中,适多旷土,故此策可行也,不则何以授之?况民逃
不能抚,而公私共分其所有,岂理也哉?《志》又云:绍兴三年,九
月,"户部言百姓弃产,已诏二年外许人请射,十年内虽已请射及充
职田者,并听归业。孤幼及亲属应得财产者,守令验实给还。冒占
者论如律。州县奉行不虔,监司按劾。从之。先是臣僚言:近诏州
县拘籍被虏百姓税赋,而苛酷之吏,不考其实,其间有父母被虏儿女
存者,有中道脱者,有全家被虏而亲属偶归者,一概籍没,人情皇皇,

故有是命。"又《洪皓传》：子适，提举江东路常平茶盐。"会完颜亮来侵，上亲征，适觐金陵，言本路旱，百姓逐食于淮，复遭金兵，今各怀归，而田产为官鬻，请听其估赎之。"乘兵荒攘民业，而责其价赎，更不成语矣。绍兴三年户部所定条例，似较近理，然十年、二年之限，亦未尽善。民固有流亡三四十年而犹怀故土者也。《明史·王来传》：来为山西左参政，请"荒田令附近之家，通力合作，供租之外，听其均分。原主复业则还之"。田不荒，而复业者亦无虞失职，似为最善。

《元史·良吏段直传》："为泽州长官。泽民多避兵未还者，直命籍其田庐于亲戚、邻人之户。且约曰：俟业主至，当析而归之。逃民闻之，多来还者，命归其田庐如约，民得安业。"此其措置，亦与王来同，特多一籍诸亲邻之户之举耳。所以如此，盖所以避归官。归官而更以还民，则事难而易滋弊矣。逃户设终不归，田庐将遂为其亲邻所有，故其亲邻亦乐从之也。

〔二五〕宋末公田

　　宋末之买公田,固为秕政,然未至如论者所言之甚也。公田之起,据史所载,实由陈尧道等言廪兵、和籴、造楮之弊,乞依祖宗限田,于两浙、江东西官民户逾限田,抽三分之一,买充公田。则其议实自托于抑兼并。今姑忽论其然否,然是时之财政,舍此固别无救急之策也。买公田事在景定四年,然淳祐六年,谢方叔即言:"豪强兼并之患,至今日而极,非限民名田有所不可,是亦救世道之微权也。国朝驻跸钱塘,百有二十余年矣。外之境土日荒,内之生齿日繁,权势之家日盛,兼并之习日滋,百姓日贫,经制日坏,上下煎迫,若有不可为之势。所谓富贵操柄者,若非人主之所得专,识者惧焉。夫百万生灵资生养之具,皆本于谷粟,而谷粟之产,皆出于田。今百姓膏腴皆归贵势之家,租米有及百万石者。小民百亩之田,频年差充保役,官吏诛求百端,不得已,则献其产于巨室,以规免役。小民田日减而保役不休,大官田日增而保役不及。以此弱之肉,强之食,兼并浸盛,民无以遂其生。于斯时也,可不严立经制,以为之防乎?去年谏官尝以限田为说,朝廷付之悠悠。不知今日国用、边饷,皆仰和籴。然权势多田之家,和籴不容以加之,保役不容以及之。敌人睥睨于外,盗贼窥伺于内。居此之时,与其多田厚赀,不可长保,曷若捐金助国,共纾目前?在转移而开导之耳。乞谕二三大臣,摭臣僚论奏而行之。使经制以定,兼并以塞。于以尊朝廷,于以裕国计。陛下勿牵贵近之言以摇初意,大臣勿避仇怨之多而废良策,则天下幸甚。"此时距景定四年尚十七年,然其言,无一不若为后来之买田发者。且曰"乞谕二三大臣,摭臣僚论奏而行之",则言此者初非方叔一人矣。然则买公田实当时之舆论也。此何哉?会子则已滥矣,金银数亦无多,且究不能径作钱币,故上下所贵,惟在谷粟,而国用遂专资和籴。和籴取谷粟于小民,买限外之田而收其租,则取谷粟于豪强,其是非固无待再计者也。然则买公田非徒救急,以义理论,亦无可訾议矣。所争者,行之之善否耳。《贾似道传》云:"浙西田,亩有值千缗者,似道均以四十缗买之。数稍多,予银绢;又多,与度牒、告身。吏又恣为操切,浙中大扰。"此固扰乱太甚。然祸止中于田主,而未及佃户。陈尧道等之议曰:"得一千万亩之田,则岁有六七百万斛之入。"其所冀者,为一石弱之租。《食货志》:"六郡回买公田,亩起租满石者偿二百贯,九斗者偿一百八十贯,八斗者偿一百六十贯,七斗者偿一百四十贯,六斗者偿一百二十贯。"然则当时租额,盖自六斗至一石。《志》又言绍兴时,两浙转运司官庄田四万二千余亩,岁收稻麦等四万八千余斛,其租额亦略相等。则陈尧道等所欲收之租,其额固未尝加重也。或曰:《食货志》言:"南渡后水田之利,富于中原,故水利大兴。而诸籍没田募民耕者,皆仍私租旧额,每失之重。输纳之际,公私事例迥殊。私租额重而纳轻,承佃犹可;公租额重而纳重,则佃不堪命。州县胥吏,与仓庾百执事,皆得侵渔耕者。"此时之公田,又安知其不如是欤?此固然。然以定额论,则私租之纳,亦未必能甚轻。以别有事例论,则此时之公田,方倚以给军国一切费用,虐取之或未敢过甚。亦且事例必逐渐而兴,积久乃成为牢不可破。自景定四年十月命浙西六郡置公田庄,至咸淳四年六月而罢。官募民自耕输租,租减什三。德祐元年三月,以公田还田主，令率租户为兵。前后不及一纪，新例亦未必能繁兴也。然则宋末之买公田，虐实未及于佃户，观史所载，皆徒为田主鸣不平，而未能切实举出佃户受害之据，可证也。即于田主，亦未曾遍加毒害。《食货志》又载咸淳十年陈坚等奏曰："今东南之民力竭矣，西北之边患棘矣，诸葛亮所谓危急存亡之时也。而邸第戚畹，御前寺观，田连阡陌，亡虑数千万计，皆巧立名色，尽蠲二税。州县乏兴，鞭挞黎庶，鬻妻卖子，而钟鸣鼎食之家，苍头庐儿，浆酒霍肉；琳宫梵宇之流，安居暇食，优游死生。"其淫荒纵恣如故。盖买田本限六郡，即六郡之中，亦未必能遍及也。然则买公田之为害，固不如众所云云者之烈矣。

《明史·食货志》言："太祖怒苏、松、嘉、湖为张士诚守，乃籍诸豪族及富民田，以为官田，按私租簿为税额。而司农卿杨宪，又以浙西地膏腴，增其赋，亩加二倍。故浙西官民田，视他方倍蓰，亩税有二三石者。"加二倍为二三石，则未加时乃六七斗至一石也。又《公主传》：太祖女寿春公主，"为太祖所爱，赐吴江县田一百二十余顷，皆上腴。岁入八千石，逾他主数倍。"此亩得六斗余，亦宋末旧额也。《宋史·食货志》：建炎三年，"凡天下官田，令民依乡例自陈输租。"又《职官志》：职田，"佃户以浮客充，所得课租，均分如乡原例。"此为宋时成法，末年之公田租额，亦如是也。

《宋史·食货志》又述买公田时定例云："五千亩以上，以银半分，官告五分，度牒二分，会子二分半。五千亩以下，以银半分，官告三分，度牒三分，会子三分半。千亩以下，度牒、会子各半。五百亩至三百亩，全以会子。"其后每石止给四十贯，而半是告、牒。则当时所谓多田之家，自三百亩至五千亩也。

《宋史·瀛国公纪》：德祐元年，八月，"拘阎贵妃集庆寺、贾贵妃演福寺田还安边所。"夫安边所之设，其可哀痛，亦与后来之买公田无异矣，而贵妃乃取以施寺，亦可谓无心肝、无纲纪者矣。

《元史·世祖纪》：至元二十一年，十二月，"中书省臣言：江南官田，为权豪、寺观欺隐者多，宜免其积年收入，限以日期，听人首实。逾限为人所告者征，以其半给告者。从之。"二十三年，七月，"用中书省臣言，以江南隶官之田，多为强豪所据，立营田总管府。其所据田，仍履亩计之。"《成宗纪》：元贞二年，七月，"括伯颜、阿术、阿里海牙等所据江南田及权豪匿隐者令输租。"是易姓而后，地之为豪强所据如故也。《卢世荣传》："以九事说世祖诏天下"，"其七曰：江南田主收佃客租课，减免一分。"《成宗纪》：至元三十一年，十月，"江浙行省言：陛下即位之初，诏蠲今岁田租十分之三。然江南与江北异。贫者佃富人之田，岁输其租。今所蠲特及田主，其佃民输租如故。宜令佃民当输田主者，亦如所蠲之数。从之。"大德八年，正月，"以灾异故，诏江南佃户私租太重，以十分为率减二分，永为定例。"《武宗纪》：至大元年，十一月，"诏绍兴被灾尤甚，今岁又旱，凡佃户止输田主十分之四。"公家饬减私租，事甚罕见，有之，惟元世之于江南耳。《顺帝纪》：至正十四年，"诏谕民间私租太重，以十分为率普减二分，永为定例"，疑亦因江南而推暨也。《清史稿·圣祖纪》：康熙四十九年，十一月，"诏凡遇蠲赋之年，免业主七分，佃户三分，著为令。"又《杭奕禄传》：雍正三年，迁光禄寺卿。"上蠲苏州、松江田赋四十五万。杭奕禄疏言：有田纳赋，既邀蠲免，无田而佃种人田者，纳租业主，亦宜酌减，俾贫富均沾实惠。上谓此奏甚公，下廷臣议，定业户免额一钱，佃户免租谷三升。上命如议速行。"蠲租兼及佃户，盖自此始有定令。然此等法令，多成具文也。

自汉世减轻田租后，国家之所以虐民者，在赋而不在税。赋有取其物者，有用其力者，明世所谓银差、力差也，二者皆可加至无艺，税所增固恒不甚多。至南宋，专恃和籴以济国用，则不翅并重其税矣。此民之所以不堪也。税所增既不甚多，则公家之增取于田者，在舍官税而以田主自居，如私家之收其租。然既取其租，则亦不能更取其税矣。若如明以来之江南，官税既同私租，而其田仍入私家之手，则为再取其私租矣。此又民之所以不堪也。历来割据者取民恒重，一统之朝，则恒轻减之。如《清史稿·石琳传》：琳以康熙二十五年调云南巡抚。疏言："云南自明初置镇设卫，以田养军，曰屯田。又有给指挥等官为俸，听其招佃者，曰官田。其租入，较民赋十数倍，犹佃民之纳租于田主。国初吴三桂留镇，以租额为赋额，相沿至今。积逋愈多，官民交困。宜改依民赋上则起科。"其一例也。而如明祖之所为，是自同于草寇也。其恶，实远较买公田、广和籴为甚。

李全降蒙古，杨氏及福据楚州，"支邑民田，皆以少价抑买之，自收赋以赡军。"《宋史·全传》。此亦犹南宋之买公田也。足见此为当时理财之策，故人能见及之也。

〔二六〕辽金元时赐田占田之多

　　辽、金、元三朝，以地赐其臣下，及其臣自占者颇多。《金史·李石传》："先世仕辽为宰相。高祖仙寿，尝脱辽主之舅于难，辽帝赐仙寿辽阳及汤池地千顷，他物称是。"《辽史》阙佚最甚，此类事传者不多，然必不止此一事，据此，亦可推想其余矣。《金史》亦阙佚，然较《辽》已稍详。《按苔海传》：宗雄次子。世宗时"徙平州。诏给平州官田三百顷，屋三百间；宗州官田一百顷"。《纳合椿年传》："冒占西南路官田八百余顷。大定中，括检田土，百姓陈言官豪占据官地，贫民不得耕种。温都思忠子长寿、椿年子猛安参谋合等三十余家，凡冒占三千余顷。诏诸家除牛头税地各再给十顷，其余尽付贫民种佃。"此事亦见《食货志》，与此大致相同。《志》又载世宗之言，谓："又闻山西田亦多为权要所占。有一家一口至三百顷者，以致小民无田可耕，徙居阴山之恶地，何以自存？其令占官地十顷以上者，皆括籍入官，将均赐贫民。"《完颜匡传》："承安中，拨赐家口地土。匡乃自占济南、真定、代州上腴田。百姓旧业辄夺之，及限外自取。上闻其事，不以为罪，惟用安州边吴泊旧放围场地、奉圣州在官闲田易之，以向自占者悉还百姓。"皆其事之可考见者。元代则尤多。《元史·世祖纪》：中统四年，八月，敕京兆路给赐刘整第一区、田二十顷。至元三年，六月，赐整畿内地五十顷。八年，九月，又赐整钞五百锭，邓州田五百顷。宋之降臣如此，本国之勋旧可知。《武宗纪》：大德十一年，十一月，"赐太师月赤察儿江南田四十顷。时赐田悉夺还官，中书省为言。有旨：月赤察儿自世祖时积有勋劳，非余人比，宜以前后所赐，合百顷与之。仍敕行省平章别不花领其岁入。"至大二年，九月，"御史台臣言：比者近幸为人奏请赐江南田千二百三十顷，为租五十万石，乞拘还官。从之。"《文宗纪》：至顺三年，三月，"燕帖木儿言：平江、松江淀山湖圩田，方五百顷有奇，当入官粮七千七百石。其总佃者死，颇为人占耕。今臣愿增粮为万石入官，令人佃种，以所得余米，赡臣弟撒敦。从之。"本传云："赐平江官地五百顷。"据《传》，在此以前，尚有龙庆州、平江、松江、江阴等赐地。《顺帝纪》：至正四年，六月，"赐脱脱松江田，为立松江等处稻田提领所。"《特薛禅传》：其玄孙珊阿不剌，至大二年，"赐平江稻田一千五百顷。"《伯颜传》：泰定三年，"迁河南行省平章政事。旧所赐河南田五千顷，以二千顷奉帝师祝釐，八百顷助宿卫，自取不及其半。"此等皆土田。《札八儿传》："太祖览中都山川形势，顾谓左右近臣曰：朕之所以至此者，札八儿之功为多。又谓札八儿曰：汝引弓射之，随箭所落，悉畀汝为己地。"《镇海传》："既破燕，太祖命于城中环射四箭，凡箭所至，园池邸舍之处，悉以赐之。"则并及于都会矣。史事传者固有多少，然以辽、金比诸元，恐终如小巫之见大巫也。

此等田地，自多令汉人佃莳取租，然亦有用供田猎、畜牧者。《元史·帖木儿不花传》：镇南王脱欢第四子。移镇庐州。顺帝至元元年，"拨庐州饶州牧地一百顷赐之。"《肖乃台传》："金亡，赐东平户三百，俾食其赋。命严实为治第宅。分拨牧马草地。日膳供二羊。"《撒吉思传》："李璮平后，授山东行省都督，迁经略、统军二使，兼益都路达鲁花赤。""统军抄不花，田游无度，害稼病民。元帅野速答尔，据民田为牧地。撒吉思随事表闻。有旨：杖抄不花一百，令野速答尔还其田。"《和尚传》：子千奴，"东平、大名诸路有诸王牧马草地，与民田相间，互相侵冒，有司视强弱为予夺，连岁争讼不能定。命千奴治之。其讼遂息。"《程思康传》：成宗即位，除河东、山西廉访使。"太原岁饲诸王驼马一万四千余匹，思廉为请，止饲千匹。"此等皆使中原之地，鞠为茂草者也。《金史·哀宗纪》：正大六年，十二月，"罢附京猎地百里，听民耕稼。"此时之金，犹占民田以为猎地，岂不哀哉？然《田琢传》载琢以贞祐末上书，请尽力耕垦，谓"官司围牧，势家兼并，宜籍其数而授之农民"，则民田之费于官司围牧者且多矣，奚止房主？元世山泽之禁最严，一固贪其利入，一亦欲恣游猎、事放牧。《元史·仁宗纪》：皇庆二年，七月，"保定、真定、河间民流不止。命所在有司给粮两月，仍悉免今年差税。诸被灾地并弛山泽之禁。猎者毋入其境。"足见平时之有禁，多为游猎计也。《世祖纪》：至元二十六年，闰月，"潭州饥，民刘德成犯猎禁，诏释之。"潭州即饥而未曾弛禁者也。《武宗纪》：至大二年，九月，"以薪价贵，禁权豪畜鹰犬之家，不得占据山场，听民樵采"，足见权豪并有禁民樵采者矣。《刑法志》禁令门：纵头匹食践田禾，强取草料，暨放鹰、围猎等禁，皆为当时之权贵设也。《元史·耶律楚材传》："太祖之世，岁有事西域，未暇经理中原。官吏多聚敛自私，资至巨万，而官无储待。案谓是时官无储待是矣，谓官吏多资至巨万，亦未必然，参看《羊羔利》条。近臣别迭等言汉人无补于国，可悉空其人，以为牧地。楚材曰：陛下将南伐，军需宜有所资。诚均定中原地税、商税、盐酒、铁冶、山泽之利，岁可得银五十万两，帛八万匹，粟四十余万石，足以供给，何谓无补哉？帝曰：卿试为朕行之。乃奏立燕京等十路征收课税使。"然则汉人借出税以免死耳。不能执干戈以自卫者，亦可鉴矣。

当兹丧乱之世，寺观之乘机攘夺者亦多。《金史·世宗纪》：大定二十六年，三月，"香山寺成。幸其寺。赐名大永安。给田二千亩，栗七千株，钱二万贯。"此已不为少矣，而比诸元世，则亦如小巫之见大巫。元世赏赐僧寺，动至百顷，见于史者，不可枚举。其尤多者，如《世祖纪》：中统二年，八月，"赐庆寿寺、海云寺陆地五百顷。"《文宗纪》：天历二年，九月，"市故宋太后全氏田，为大承天护圣寺永业。"至顺元年，二月，"命市故瀛国公田，为大龙翔集庆寺永业。"四月，"括益都、般阳、宁海间田十六万二千九十顷，赐大承天护圣寺为永业。"《顺帝纪》：至正七年，十一月，"拨山东地土十六万二千余顷属大承天护圣寺。"皆是也。而如《仁宗纪》：延祐六年，十月，"中书省臣言白云宗总摄沈明仁强夺民田二万顷"者，尚在其外。倚外族以鱼肉人民，教云乎哉？

〔二七〕金屯田户租佃

金世宗欲以女真制汉人,迁之中原,夺民地以养之,其用意可谓深远矣。独不思待之之优如此,彼尚何为而力耕?《金史·食货志》:大定二十一年,"上谓宰臣曰:山东、大名等路,猛安谋克户之民,往往骄纵,不亲稼穑。不令家人农作,尽令汉人佃莳,取租而已。"时距授田未几,情形即已如此。《张九思传》:"九思言屯田猛安人为盗征偿,家贫辄卖所种屯地。凡家贫不能征偿者,止令事主以其地招佃,收其租入。估价与征偿相当,即以其地还之。临洮尹完颜让亦论屯田贫人征偿卖田,乞用九思议。从之。"则浸浸乎不能自保其地矣。《章宗纪》:泰和四年,九月,"定屯田户自种及租佃法。"盖已公然许其租佃。

〔二八〕元时献田

明世庄田，由政府赐与勋戚者，固为恶政，然究犹略有制限，至请乞及投献兴，而其祸益弥漫不可收拾矣。而二者皆起自元世。此可见异族于吾民无所爱惜，亦可见其不知政理也。请乞之著者，如燕帖木儿乞赐平江、松江圩田五百顷，已见《辽金元时赐田占田之多》条。而投献之事尤众。《元史·成宗纪》：大德元年，十二月，"禁诸王、驸马并权豪毋夺民田，其献田者有刑。"二年，正月，"禁诸王、公主、驸马受诸人呈献公私田地及擅招户者。"《武宗纪》：至大元年，七月，"皇子和世㻋请立总管府，领提举司四，括河南归德、汝宁境内濒河荒地，约六万余顷，岁收其租。令河南省臣高兴总其事。中书省臣言：先是有亦马罕者，妄称省委括地，蚕食其民，以有主之田俱为荒地，所至骚动。民高荣等六百人诉于都省，追其驿券，方议其罪，遇赦获免，今乃献其地于皇子。"《英宗纪》：延祐七年，二月，"括勘崇祥院地，其冒以官地献者追其直，以民地献者归其主。"至治二年，十二月，"铁木迭儿子宣政院使八思吉思，坐受刘夔冒献田地伏诛，仍籍其家。"《张孔孙传》：除大名路总管，兼府尹。"有献故河堤三百余里于太后者。即上章，谓宜悉还细民。从之。"事在成宗初。《王约传》：仁宗即位，特拜河南行省右丞。"先是至大间，尚书省用建言者冒献河、汴官民地为无主，奏立田粮府，岁输数万石，是岁，诏罢之,窜建言人于海外,命河南行省复其旧业。行省方并缘为奸,田犹未给。约至,立期檄郡县,厘正如诏。"皆可见投献之猖獗。此与苦赋役之重,献地大户者不同。一献己之所有,一则妄指他人之所有;一犹包庇之以避赋役,一则纯为剥取耳。《明史·忠义·马如蛟传》:"出按四川。蜀中奸民,悉以他人田产投势家。如蛟列上十事,永革其弊。"此亦元世之遗风,前世不闻有此也。

〔二九〕庄 田

庄本民居之称,犹村落之类,故俗语犹曰村庄。其后富贵之家,多买田亩,派人管理,谓之庄田,而庄字乃稍有指田之意。然亦后起之义,原其朔,实指管理此田者所居之宅舍言之。于志宁谓张行成等"新成庄宅,尚少田园"是也。见《赐田》条。陆务观诗曰:"斜阳疏柳赵家庄,负鼓盲翁正作场。身后是非谁管得?满村听说蔡中郎。"此为庄字初义。《宋史·食货志》:"绍兴六年,张浚奏改江淮屯田为营田。以五顷为一庄,募民承佃。其法五家为保,共佃一庄。"则后起之义矣。《志》又载方田之法,有方帐,有庄帐,有甲帖,有户帖。是庄大于甲而小于方。《金史·高汝砺传》:军户既迁,将括地分授。汝砺诤之曰:"河南民地官田,计数相半。又多全佃官田之家,坟茔、庄井,俱在其中。率皆贫民,一旦夺之,何以自活?"此所谓庄,皆平民之居,多田者管理其田之庄,亦沿袭其名耳。

庄田之名,似始唐世。《宋书·孔靖传》:靖子灵符,"于永兴立墅,周回三十三里,水陆地二百六十五顷,含带二山。"《梁书·后妃传》:高祖于钟山建大爱敬寺。太宗简皇后王氏父骞"旧墅在寺侧,有良田八十余顷,即晋丞相王导赐田也。高祖遣主书宣旨,就骞求市,欲以施寺。骞答旨云:此田不卖;若是敕取,所不敢言。酬对又脱略,高祖怒,遂付市评田价,以直逼还之。"则南北朝时,管理田产者称墅也。《通鉴》：唐宣宗大中十年，"上以京兆久不理，以韦澳为京兆尹。郑光庄吏恣横，积年租税不入，澳执而械之。"胡三省《注》曰："庄吏，掌主家田租者也。"则始易而称庄矣。唐是时公田亦渐多，取之皆同于私租，故有庄宅使之设。《薛史·宋彦筠传》：彦筠将终，以伊、洛间田庄十数区上进，足见官私管理之法相同也。

官家之设庄田，盖求变税为租，然于"劝耕"之义大悖矣。《薛史·周太祖纪》：广顺三年，正月乙丑，"诏诸道州府系属户部营田及租税、课利等，除京兆府庄宅务、赡国军榷盐务、两京行从庄外，其余并割属州县。所征租税、课利，官中只管旧额，其职员节级，一切停废。应有客户元佃系省庄田、桑土、舍宇，便赐逐户，充为永业，仍仰县司给与凭由。应诸处元属营田户部院及系县人户所纳租中课利，起今年后并与除放。所有见牛犊，并赐本户，官中永不收系云。帝在民间，素知营田之弊，至是，以天下系官庄田仅万计，悉以分赐见佃户充永业。是岁，出户三万余。百姓既得为己业，比户欣然，于是葺屋植树，敢致功力。又东南郡邑，各有租牛课户。往因梁太祖渡淮，军士掠民牛以千万计，梁太祖尽给与诸州民，输租课。自是六十余载。时移代改，牛租犹在，百姓苦之，至是特与除放。未几，京兆府庄宅务及榷盐务，亦归州县依例处分。"《通鉴》曰："前世屯田，皆在边地，使戍兵佃之。唐末，中原宿兵，所在皆置营田以耕旷土；其后又募高赀户，使输课佃之，户部别置官司总领，不隶州县。或丁多无役，或容庇奸盗，州县不能诘。"然则租之所入无几，而他所损者，则不知凡几矣。《薛史·世宗纪》：显德二年，正月乙未，"诏应逃户庄田，并许人请射承佃，供纳税租：如三周年内本户来归者，其庄田不计荒熟，并交还一半；五周年内归业者，三分交还一分；如五周年外归业者，其庄田除本户坟茔外，不在交付之限。"不以为官田招人承种，而必为是措置者，亦以非如是则不能劝耕也。

　　庄田之制,大略如此。近人或以拟诸欧洲之封建诸侯,则大误矣。彼皆兼有治理之权,抑且诸邦,闭关绝市,亦各足自活;中国之有庄田者,岂能如此哉? 佃户之于地主,自不能不从服,然其从服,又与能几何?《通鉴》:后周太祖广顺元年,衡山指挥使廖偃,与其季父节度巡官匡凝,谋率庄户及乡人悉为兵,与彭师暠共立希萼为衡山王。胡《注》曰:"佃豪家之田而纳其租,谓之庄户。"田主之能用之者,如此而已。

　　宋世海宇承平,教化兴起,有财者较之前世,少知理义,多田者亦然。范仲淹之义庄,最为人所称道,犹限于一家也。《宋史·宗室传》:善誉,"移潼川路提刑、转运判官。以羡赀给诸郡置庄,民生子及娠者俱给米。"然则其早年为昌国簿摄邑事时,"劝编户衰金买田,以助嫁娶丧葬",亦置庄以供费也。彦俅,"知绍兴府。复鹿鸣礼,置兴贤庄以资其费。筑捍海石塘,亦置庄以备增筑。"《刘黻传》:"知庆元府事。建济民庄,以济士民之急,资贡士春官之费,备郡庠耆老缓急之需。"皆以庄田行善政,利遍及于闾阎,较范氏之专计一家者为优矣。然意在剥削者究多。《黄畴若传》:安边所之置,畴若"乞以官司、房廊及激赏库四季所献,并侂胄万亩庄等,一并拘桩"。则侂胄有万亩之庄矣。《理宗纪》:景定元年,十二月,"诏华亭奉宸庄,其隶外廷助军饷。"奉宸殆宋世之皇庄欤?

〔三〇〕职田收租之重

《元史·齐履谦传》：泰定二年，宣抚江西、福建。"福建宪司职田，每亩岁输米三石，民不胜苦。履谦命准令输之。由是召怨。"亩输三石，浙西之田不至此，肆意剥削，真堪骇叹！

〔三一〕豪强占田之害

豪强之占田，所病者实不尽在其租额之重，而在其收租之酷；又不尽在其收租之酷，而在其规避诸赋役，而尽并诸平民也。明之庄田，人知其为虐政矣，然其租额，不过银三分、米五升，多者乃银五分、米廿升耳。《明史·李敏传》：敏以成化二十一年，召拜户部尚书。"当宪宗末，中官、佞幸，多赐庄田。既得罪，率辞而归之官。罪重者夺之。然不以赋民。敏请召佃，亩科银三分，帝从之，然他庄田如故。会京师大水，敏乃极陈其害。请尽革庄户，赋民耕，亩概征银三分，充各官用度。无皇庄之名，而有足用之效。至权要庄田，亦请择佃户领之，有司收其课，听诸家领取。时不能用。"《周经传》：孝宗"以肃宁诸县地四百余顷赐寿宁侯张鹤龄。其家人因侵民地三倍。且殴民至死。时王府、勋戚庄田，例亩征银三分，独鹤龄奏加征二分，且概加之沙碱地"。《诸王传》：英宗第二子德庄王见潾。"正德初，诏王府庄田亩征银三分，岁为常。见潾奏：初年兖州庄田岁亩二十升。独清河一县，成化中用少卿宋旻议，岁亩五升。若如新诏，臣将无以自给。"《韩文传》："保定巡抚王璟请革皇庄。廷议从之。帝命再议。文请命巡抚官召民佃，亩征银三分输内库，而尽撤中官管庄者。大学士刘健等亦力言内臣管庄扰民，乃命留中官各一人，校尉十人，余如文议。"此新诏所由来也，观此，知庄田租额，虽略有高下，然定法银不过三分，米至二十升，亦为最多矣。而其收租，则弘治时李敏极言其害，曰："管庄官校，招集群小，称庄头、伴当。占地土，敛财物，污妇女。稍与分辨，辄被诬奏，官校执缚，举家惊惶。民心伤痛入骨。"

见《明史·食货志》。亦见本传。甚至如神宗时，福王庄地，散在诸省，"王府官及诸阉，丈地征税，旁午于道，扈养厮役，廪食以万计，渔敛惨毒不忍闻。驾帖捕民，格杀庄佃，所在骚然。"《食货志》。此乃盗贼也，其可忍乎？然犹可诿曰：此固法所不许，在政治清明时，即不能有此等事也。若其规避赋役，则并自托于法令，以为荫蔽矣。宋政和时，品官限田，一品百顷，降杀以十，至九品而为十顷。南渡后则一品为五十顷，降杀以五，至九品而为五顷。身死减半，荫尽，役同编户。见《宋史·食货志》。此已不为不厚矣，然其所依托，则远不止此。《宋史·本纪》：高宗绍兴元年，十二月，"诏官户名田过制者，与民均科。"二十九年，三月，"限命官子孙制田减父祖之半。并其诡名寄产者，格外田亩，同编户科役。"孝宗乾道四年，九月，"限品官子孙名田。"皆为此辈发者也。《食货志》：绍兴六年，知平江府章谊言："民所甚苦者，催科无法，税役不均。强宗巨室，阡陌相望，而多无税之田，使下户为之破产。"谢方叔所以太息于"小民田日减而保役不休，大官田日增而保役不及"也。引见《宋末公田》条。

《元史·食货志》：至元二十八年，"命江淮寺观田，宋旧有者免租，续置者输税。"《仁宗纪》：延祐五年，十月，"敕僧人除宋旧有及朝廷拨赐土田免租税，余田与民一体科征。"《文宗纪》：天历二年，十二月，"诏诸僧寺田，自金、宋所有及累朝赐予者，悉除其租，其有当输租者，仍免其役。"此等亦皆沿自宋世，陈坚等所以痛心疾首于"琳宫梵宇"也。亦见《宋末公田》条。

《宋史·孝义·侯可传》："调华原主簿。富人有不占田籍而质人田券至万亩，岁责其租。可晨驰至富家，发椟，出券归其主。"多质田而不占籍，盖亦利免赋役也。

〔三二〕异族间兼并

　　财利无国界也，故虽异国异族之间，亦有互相兼并之事。《宋史·蔡挺传》：知渭州。"蕃部岁饥，以田质于弓箭手，过期辄没。挺为资官钱，岁息什一。后遂推为蕃、汉青苗助役法。"又《贾昌朝传》：判大名府。"边人以地外质，契丹故稍侵边界。昌朝为立法：质地而主不时赎，人得赎而有之。岁余，地悉复。"又《西南溪峒诸蛮传》：乾道十一年，"禁民毋质瑶人田，以夺其业。俾能自养，以息边衅。从知沅州王镇之请也。"足见南北皆有其事矣。蔡挺能体恤质举者，甚善。然官吏能如是者绝鲜，且身亦图利，遂至积涓涓之流，成滔天之祸焉。《圣武记·乾隆湖贵征苗记》云："苗之未变也，畏隶如官，官如神。兵民利焉，百户、外委利焉，司土者利焉。""初，永绥厅悬苗巢中，环城外寸地皆苗。不数十年，尽占为民地。兽穷则啮，于是奸苗倡言逐客民，复故地，而群寨争杀，百户响应矣。"指欲复故土者为奸，可乎？清世内乱之炽，实始于其所谓川楚教匪者，而川楚教匪之炽，实以湖贵苗乱掣其兵力之故。所谓积涓涓之流，而成滔天之祸者也。虽然，兼并之召祸，初不自乾隆中始。雍正之西南土司改流，盖亦以是为先驱焉。《清史稿·杨名时传》：名时于乾隆元年疏言："御夷之道，贵在羁縻，未有怨毒猜嫌而能长久宁帖者。贵州境内，多与苗疆相接。生苗在南，汉人在北，而熟苗居中，受雇直为汉人佣，相安已久。生苗所居，深山密箐，有熟苗为之限，常声内地兵威以慑之，故亦罔敢窥伺。自议开拓苗疆，生苗界上，常屯官兵，干戈相寻，而生苗始不安其所。至熟苗，无事则供力役，用兵则为乡导。军民待之若奴隶，生苗疾之若寇雠。官兵胜，则生苗乘间抄杀以泄忿；官兵败，又或屠戮以冒功。由是熟苗怨恨，反结生苗为乱。如台拱本在化外，有司迎合要功，辄谓苗民献地，上官不察，竟议驻师，遂使生苗煽乱，屡陷官兵，蹂躏内地。间有就抚熟苗，又为武臣残杀，卖其妻女。是以贼志益坚，人怀必死。为今日计，惟有弃苗疆而不取。撤重兵还驻内地，要害筑城，俾民有可依，兵有可守。来则御之，去则舍之。明悬赏格，有能擒首恶及率众归顺者，给与土官世袭，分管其地。更加意抚绥熟苗，使勿为生苗所劫掠，官兵所侵陵，庶有俛首向化之日。不然，臣恐兵端不能遽息也。"熟苗所耕，当亦苗地，顾为汉人之佣，其地盖为汉人所巧取豪夺。既已奴役熟苗矣，乃又以之为介，而进侵生苗之地，苗人安得不反抗？名时云："为今日计，惟有弃苗疆而不取。"明苗地当还诸苗矣。又《孙嘉淦传》：嘉淦于乾隆七年疏言："内地武弁，不得干与民事，苗疆独不然。文员不敢轻入峒寨，但令差役催科，持票滋扰而已。争讼、劫杀之案，皆委之于武弁。威权所及，摊派随之。于是因公科敛，文武各行其令；因事需索，兵役竞逞其能；甚至没其家赀，辱及妇女。苗民不胜其忿，与之并命，而嫌衅遂成。为大吏者，或剿或抚，意见各殊，行文查勘，动经数月。苗得闻风豫备，四处句连，饮血酒，传木刻，乱起甚易，戡定实难。幸就削平，而后之人仍蹈前辙，搜捕株连，滋扰益甚。苗、瑶无所告诉，乘隙复动，惟力是视。历来治苗之官，既无爱养之道，又乏约束之方。无事恣其侵渔，有事止于剿杀。剿杀之后，仍事侵渔，侵渔既久，势必又至剿杀。长此循环，伊于胡底？语曰：善为政者，因其势而利导之。苗人散居，各有头人。凡作奸、窝匪之处，兵役侦之而不得者，头人能知之；斗争、劫杀之事，官法绳之而不解者，头人能调之。故治苗在治头人。令各寨用头人为寨长。一峒之中，取头人所信服者为峒长，使各约束寨长而听于县令。众苗有事，寨长处之不能，以告峒长；又不能，以告县令。如是，则于苗疆有提纲挈领之方，于有司自收令行禁止之效。且峒长数见牧令，有争讼可告官区处，而无仇杀之举。牧令数见峒长，有条教可面饬遵行，而无吏役荧蔽之患。扰累既杜，则心志易孚。所谓立法简易，因其俗而利导者也。"其谓苗地当还诸苗，实与名时如出一辙。孟子曰：善战者服上刑。鄂尔泰、张广泗等其人也。

《清史稿·循吏传》：李大本，附《谢仲坑传》。乾隆时为宝庆府理瑶同知。"横岭峒苗乏食，吁官求粟。大本多方振之。复为苗民筹生计。请于上官曰：横岭峒自逆渠授首，安插余苗，因恶其人，故薄其产，每口授田，才三十穧至四十穧。每穧上田获米六升，中田五升，下田四升，得米无多；又峒田稍腴者，尽与堡卒，极恶者方畀苗民；岁入不足，男则斫柴易米，女则剧蕨为粉，给口实。年来生齿日繁，材木竭，米价益昂，饥饿愁叹，深可怜闵。恐不可坐视而不为之所。见有入官苗田一千三百四十八亩。旧募汉民佃种，出租供饷。奸良不一，屡经淘汰。请视苗民家贫丁众者书诸簿。有汉佃应除者，即书簿之苗丁，次第受种，出租如故，则苗民得食，而饷亦无亏。乃补救之一端。议上，不许。后巡抚陈宏谋见之，曰：此识时务之言也。将陈其事。会他迁，未果。"此汉人战胜苗、瑶后攘夺其土地之一事也。

又《徐本传》：雍正十年，擢安庆巡抚。十一年，疏言："云、贵、广西改流土司，安置内地，例十人给官房五楹，地五十亩，安庆置二十一人，地远在来安。请变价别购，俾耕以食。"改流后之土司，殆古所谓寓公也。诸侯不臣寓公，而清人遇之之薄如此。

不徒内地也，即新辟之台湾亦有兼并之患。《清史稿·陈大受传》：乾隆十一年，调福建巡抚。十二年，疏言："台湾番民生业艰难，向汉民重息称贷。子女、田产，每被盘折。请拨台谷二万石，分贮诸罗、彰化、淡水诸县，视凤山例接济。其不愿借者听。报可。"重利盘剥之无孔不入如此。

汉人每能盘剥番人者，以其生利之力较强也。《清史稿·常明传》：嘉庆十五年，为四川总督。"宁远府属夷地，多募汉人充佃，自教匪之乱，川民避入者增至数十万人，争端渐起。十七年，常明疏请汉民移居夷地及佃种者，编查入册，不追既往。此后严禁夷人招佃与汉民转佃。报可。"此数十万人之入夷地，必多由夷人招募者矣。又《吴杰传》：道光十三年，川南叛夷犯边，师久无功。疏言：夷族"愚惰不谙农事，汉民租地，耕作有年，既渐辟硗卤为膏腴，群夷涎其收获，复思夺归。构衅之原，不外于此。今当勘丈清厘。凡汉民屯种夷地，强占者勒令退还，佃种者悉令赎归；无主之田，垦荒已久，聚成村落，未便迁移，画为汉界，禁其再行侵占，庶争端永息"。观此，知汉人侵占，事实有之，然夷族召募，亦不可云无。既化硗卤为膏腴，复艳收获而思攘夺，自非事理之平。然则汉、夷龃龉，咎固多在汉人，而亦不可云尽在汉人也。

《宋史·西南溪峒诸蛮传》：嘉定七年，臣僚言："辰、沅、靖三州之地，多接溪峒。其居内地者谓之省民，熟户、山瑶、峒丁，乃居外为捍蔽。其初区处详密，立法行事，悉有定制。峒丁等皆计口给田，多寡阔狭，疆畛井井。擅鬻者有禁，私易者有罚。一夫岁输租三斗，无他繇役，故皆乐为之用。边陲有警，众庶云集，争负弩矢前驱，出万死不顾。比年防禁日弛。山瑶、峒丁，得私售田。田之归于民者，常赋外复输税，公家因资之以为利，故谩不加省。而山瑶、峒丁之常租仍虚挂版籍，责其偿益急，往往不能聊生，反寄命瑶人，或导其入寇，为害滋甚。宜敕湖广监司檄诸郡，俾循旧制毋废，庶边境绥靖，而远人获安也。"此熟户、山瑶、峒丁，正与清时贵州之熟苗同。

《清史稿·冯光熊传》：为贵州巡抚。嘉庆三年，春，疏请"申禁汉民典买苗田，及重债盘剥，驱役苗佃"。光熊与于平苗之役，足见苗叛实由汉人侵夺其土地也。又《谢启昆传》：嘉庆四年，擢广西巡抚。"广西土司四十有六，生计日绌，贷于客民，辄以田产准折。启昆请禁重利盘剥，违者治罪，田产给还土司。其无力回赎者，俟收田租满一本一利，田归原主，五年为断；其不禁客民入苗地者，廉土民驯愚，物产稀少，借贩运以通有无也。"此可见所盘剥者不仅苗民，并及其酋长，而从事盘剥者，又非仅农民而兼有商人矣。又《甘肃土司传》，言其"输粮供役，与民无异。惟是生息蕃庶，所分田土多鬻民间，与民错杂而居，联姻而社，并有不习土语者。故土官易制"云。此乃逐渐受汉人之剥削，不待干戈而灭亡者。知土地可以买卖为封建之大敌也。

《清史稿·鄂尔达传》：乾隆四年，调川陕总督。"疏言榆林边民，岁往鄂尔多斯种地，牛具、籽种、日用，皆贷于鄂尔多斯。秋收余粮易牛羊皮，入内地变价，重息还债。请于出口时，视种地多寡，借以官银，秋收以粮抵，俾免借贷折耗之苦，仓储亦可渐充。上从之。"此又塞外部落酋豪，招致汉民，加以剥削者也。然中原之主，亦有剥削外夷者。《金史·世宗纪》：大定十七年，十月，"诏以羊十万付乌古里、右垒部畜，收其滋息，以予贫民。"此则汉武帝之出牝马亭矣。

〔三三〕富人之不法

《宋史·吴延祚传》：子元载。雍熙三年，徙知秦州。州民李益者，为长道县酒务官。家饶于财，僮奴数千指，恣横持郡吏短长，长吏而下皆畏之。民负息钱者数百家，郡为督理如公家租调。独推官冯伉不从。益遣奴数辈，伺伉按行市中，拽之下马，因毁辱之。先是，益厚赂朝中权贵为庇护，故累年不败。及伉屡表其事，又为邸吏所匿，不得达。后因市马译者附表以闻。译因入见，上其表。帝大怒，诏元载逮捕之。诏书未至，京师权贵已报益。益惧，亡命。元载以闻，帝愈怒，诏州郡物色急捕之。获于河中府民郝氏家。鞫于御史府，具得其状，斩之，尽没其家。益子仕衡，先举进士，任光禄寺丞，诏除籍，终身不齿。益之伏法，民皆饭僧相庆。淳化二年，徙知成都府。及王小波乱，不能捕灭，受代归阙，而成都不守。时李仕衡通判华州，常衔元载因事杀其父，伺元载至阙，遣人阅行装，收其关市之税。元载拒之，仕衡抗章疏其罪，坐责郓州团练副使。又《高斯得传》：移湖南提点刑狱。攸县富民陈衡老，以家丁、粮食资强贼，劫杀平民。斯得至，有愬其事者。首吏受赇而左右之。衡老造庭，首吏拱立。斯得发其奸，械首吏下狱，群胥失色股栗。于是研鞫，具得其状。乃黥配首吏，具白朝省，追毁衡老官资，簿录其家。会诸邑水灾，衡老愿出米五万石振济以赎罪。衡老婿吴自性，与衡老馆客太学生冯炜等谋中伤斯得盗拆官椟。斯得白于朝，复正其罪。出一箧书，具得自性等交通省部吏胥情状。斯得并言于朝。下其事天府，索出赇银六万余两，黥配自性及省、寺高铸等二十余人。初，自性厚赂宦者言于理宗曰："斯得以缗钱百万进，愿易近地一节。"理宗曰："高某硬汉，安得有是？"此两事可谓不法已极。然李仕衡既遭禁锢，又判华州；理宗虽不听宦者，亦不闻加以究治；何也？可谓物必自腐而后虫生之矣。

陈衡老求免罪，一出米即至五万石，或疑其数太多，史辞不实。然《食货志》载贾黯请立民社义仓，驳诸路难者之说曰："若谓恐招盗贼，盗贼利在轻货，不在粟麦。今乡村富室，有贮粟数万石者，不闻有劫掠之虞。"则贮粟数万石，在宋时实非希有之事。乡村人家多有，而况衡老之以富名者也？《元史·王磐传》：世业农，岁得麦万石。乡人号万石王家。又《王克敬传》：元统初，起为江浙行省参知政事。松江大姓，有岁漕米万石献京师者，其人既死，子孙贫且行乞，有司仍岁征，弗足，则杂置松江田赋中，令民包纳。克敬具论免之。则岁入万石，岁出万石，皆视为恒事矣，足见富人积粟之多。又《元史·史天倪传》：曾祖伦少好侠，因筑室发土得金，始饶于财。甲子岁大祲，发粟八万石振饿者。祖成珪，倜傥有父风，遭乱盗贼四起，乃悉散其家财，惟存廪粟而已。振饿发粟八万石，求免罪一出五万石，又岂足异也。悉散家财，惟存廪粟，盖亦知盗贼所利在于轻剂，足证卖黯之说。秦之败也，豪杰争取金玉，而任民独窖仓粟，《史记·货殖列传》。亦以此也。

《清史稿·范毓馪传》："山西介休人。范氏故巨富。康熙中，师征准噶尔，输米馈军，率以百二十金致一石。六十年，再出师，毓馪兄毓馪请以家财转饷，受运值视官运三之一。雍正间，师出西北二路。怡亲王允祥荐毓馪主饷，计谷多寡，程道路远近，以次受值，凡石米自十一两五钱至二十五两有差,累年运米百余万石。寇犯北路,失米十三万余石,毓馣斥私财补运,凡白金百四十四万两。师既罢,米转运近地,户部按近值核销,故所受远值,责毓馣追缴,凡白金二百六十二万,复出私财采参,市铜供铸钱以偿。"此其资财,以岁漕万石者拟之,又如小巫之见大巫矣。《论》谓其兄弟"出私财助军兴,几倾其家而不悔,求诸往史,所未有也。"信哉! 以助房之开边,则何也?

〔三四〕青苗法

青苗法之利弊，果何如乎？曰：其事在当时，相需孔殷，然行之决不能无弊。何也？曰：宋承五代之后，民困似抒而实未抒。故其时言及民生者，无不以为困苦不堪，而重利盘剥，病民尤甚。得公家之贷款以济之，民始获少苏喘息矣。故曰相需甚殷也。然官吏则安能任此？王安石以法示苏辙。辙曰："以钱贷民，使出息二分，本非为利。然出纳之际，吏缘为奸，虽有法不能禁。"《宋史·食货志》。自是平情之论。抑非独吏缘为奸也，官即不邀功赏，亦必自顾考成。既有令，安得不散？既散之，安得不筹及收回？于是抑配及令民相保、分配转择有力之户诸弊，相随而至，而追呼亦不得不用矣。理有固然，势有必至，斯事有召祸，而法有起奸矣。此法李参行诸陕西，民获其利。安石知鄞县，贷谷与民，立息以偿，俾新陈相易，邑人便之，亦与青苗无异。所以能如此者，以行之者异其人；抑为一方一邑之政，非勒以法令、行诸全国者也。

官吏不免以取息为意；抑出入之际，能否无少与多取之弊，事极难言。然谓其取之转浮于私家倍称之邀，则亦未为平允。《宋史·陈舜俞传》：知山阴县。青苗法行，不奉令，上疏自劾曰："民间出举财物，取息重止一倍，约偿缗钱，而谷粟、布缕、鱼盐、薪蒸、䅳䅟、斧锜之属，得杂取之。朝廷募民贷取，有司约中熟为价，而必偿缗钱，欲如私家杂偿他物不可得。祖宗著令,以财物相出举,任从书契,官不为理。其保全元元之意,深远如此。今诱之以便利,督之以威刑,方之旧法异矣。"然则民所最苦,惟在必偿缗钱。至于利率,则韩琦言"借之一千,令纳一千三百",见《食货志》。《志》又载范镇之言,亦曰:"陛下初诏云:公家无所利其入,今提举司以户等给钱,皆令出三分之息。"只今所谓三分。又云:"凡春贷十千,半年之内,便令纳利二千;秋再放十千,至岁终,又令纳利二千;则是贷万钱者,岁令出息四千。"亦不过四分。王广渊为此法所由行,然其传云:"广渊以方春农事兴,兼并之家,得以乘急要利,乞留本道钱帛五十万,贷之贫民,岁可获息二十五万。"亦不过五分耳,未及倍也。《李常传》:常言:"州县散常平钱,实不出本,勒民出息。"此等弊政,必积久而后致,初行时必不敢如此。故王安石请令常具官吏主名,而常不能对也。

元祐元年,废青苗法,四月,复之。史云出范纯仁意。绍圣二年,淮南转运副使庄公岳请勿立定额。奉议郎郑仅等愿戒抑配,止收一分之息。皆见《食货志》。此可见青苗之弊,抑配及取息重,为其两大端也。

苏颂言:"提举青苗官,不能体朝廷之意,邀功争利,务为烦扰。且与诸司不相临统,文移同异,州县莫知适从。乞与常平众役,一切付之监司,改提举为之属。则事有统一,而于更张之政,无所损也。"不从。此自是立法之弊。盖但求其事之行,因重其提举之权,而不计其统属之不明也。

《神宗纪》:熙宁三年,正月乙卯,"诏诸路散青苗钱禁抑配。"五月癸巳,"诏并边州郡毋给青苗钱。"盖抑配等弊,朝廷未尝不豫烛之,故禁戒之诏与行法之诏并下,且于缘边逆绝之也。然《蔡挺传》言:挺知庆州,蕃部岁饥,以田质于弓箭手,过期辄没。挺为贷官钱,岁息什一。后遂推为蕃汉青苗、助役法。则蕃部亦有资于此矣。

　　《食货志》述和籴，言"陕西籴谷，岁豫给青苗钱。天圣已来，罢不复给"。《仁宗纪》：天圣四年，十月辛未，"罢陕西青苗钱。"李参之青苗钱，当源于此。《参传》言熙宁青苗法萌于参，实数典而忘祖也。《志》又述俵籴云："熙宁八年，令中书计运米百万石费约三十七万缗，帝怪其多。王安石因言：俵籴非特省六七十万缗岁漕之费，且河北入中之价，权之在我。遇斗斛贵住籴，即百姓米无所粜，自然价损。非惟实边，亦免伤农。乃诏岁以末盐钱钞、在京粳米六十万贯石，付都提举市易司贸易。度民田入多寡，豫给钱物。秋成于澶州、北京及缘边入米麦粟封桩。即物价踊，权止入中，听籴便司兑用，须岁丰补偿。绍圣三年，用吕大忠言，召农民相保，豫贷官钱之半，循税限催科，余钱至夏秋用时价随所输贴纳。崇宁中，蔡京令坊郭、乡村，以等第给钱，俟收，以时价入粟。边郡弓箭手、青唐蕃部皆然。"此既类豫买，亦得青苗钱之意也。

　　《辽史·食货志》言其"东京沿边诸州，各有和籴仓。依祖宗法，出陈易新，许民自愿假贷，收息二分。所在无虑二三十万石。虽累兵兴，未尝用乏。逮天庆间，金兵大入，尽为所有"。案《辽史》虽云阙佚，然苟和籴假贷，出入之间，大有弊窦，不能绝无事迹散见。而今竟无有，疑其循旧敛散，颇可相安；而取息二分，滋长不已，故虽累兵兴，未尝用乏也。然则仓储出贷，实有弘益，亦不必滋弊。宋青苗法之滋弊，实以其推行太急，未能顺其自然之势，又无祛弊之法；而攻新法者，又欲一举而尽去之，而不肯平心商榷，以祛其弊而收其利耳。

　　义仓之法始于隋。朱子所创之社仓，实大与之类。所异者，一借贷取息，一但事振济耳。足见借贷取息，未足为病也。清雍正二年，议定社仓收息之法："凡借本谷一石，冬间收息二斗。小歉减半。大歉全免，只收本谷。至十年后，息倍于本，只以加一行息。"《清史稿·食货志·仓库》。亦不讳取息也。

〔三五〕羊羔利

　　放债者子本相侔，即禁再取利，为中国相沿之法，已见《借贷利率》条。至元时，乃有所谓羊羔利者，至期不偿，则以利为本而复生利。人皆以是为回鹘咎，其实不然也。《元史·太宗纪》：十二年，"是岁，以官民贷回鹘金偿官者，岁加倍，名羊羔息，其害为甚，诏以官物代还，凡七万六千锭。仍命凡假贷岁久，惟子本相侔而止，著为令。"《耶律楚材传》："州郡长吏，多借贾人银以偿官，息累数倍，曰羊羔儿利，至奴其妻子，犹不足偿。楚材奏令本利相侔而止，永为定制。民间所负者，官为代偿之。"《良吏·谭澄传》：澄为交城令。"岁乙未，籍民户，有司多以浮客占籍，及征赋，逃窜殆尽，官为称贷，积息数倍，民无以偿。澄入觐，因中书耶律楚材，面陈其害。太宗恻然，为免其逋，其私负者，年虽多，息取倍而止。"此三者即一事。《王珍传》："岁庚子，入见，言于帝太宗。曰：大名困于赋调，贷借西域贾人银八十锭，及逋粮五万斛。若复征之，民无生者矣。诏官偿所借银，复尽蠲其逋粮。"《史天泽传》：蔡州破后，"天泽还真定。时政烦赋重，贷钱于西北贾人以代输，累倍其息，谓之羊羔利，民不能给。天泽奏请官为偿，一本息而止。继以岁饥，假贷充贡赋，积银至一万三千锭，天泽倾家赀，率族属、官吏代偿之。"所谓西域贾人，西北贾人，亦即《太宗纪》所谓回鹘。《严实传》：第二子忠济，袭实为东平路行军万户管民长官。中统二年，召还京师。"忠济治东平日，借贷于人，代部民纳逋赋，岁久愈多。及谢事，债家执文券来征。帝闻之，悉命发内藏代偿。"《耶律阿海传》：孙买哥，袭父中都路也可达鲁花赤。"时供亿浩繁，屡贷于民，买哥悉以私帑偿之。事闻，赐银万两。"《董文炳传》：岁乙未，以父任为稿城令。"前令因军兴乏用，称贷于人，而贷家取息岁倍，县以民蚕麦偿之。文炳曰：民困矣，吾为令，义不忍视也，吾当为代偿。乃以田庐若干亩计直与贷家。"所从贷之人与民，亦必是物也。此等借贷，皆由官尸其事。亦有由民尸之者。如《王玉传》：言玉权真定五路万户。"有民负西域贾人银，倍其母不能偿，玉出银五千两代偿之。"此亦必贷以充贡赋，故能由官代偿。盖官吏时有更调，其可信或尚不如当地之豪民，故以民为借主也。官吏借贷，以充贡赋，前此未闻。《阎复传》：复于元贞三年上疏，言"古者刑不上大夫，今郡守以征租受杖，非所以厉廉隅"。元贞如此，而况中统以前？盖迫于淫威，不得不尔。此自元朝之酷，于回鹘乎何与？回鹘之可诛者，或为乘危以邀重利耳。然《刘秉忠传》：秉忠尝上书世祖言："今宜打算官民所欠债负，若实为应当差发所借，宜依合罕皇帝圣旨，一本一利，官司归还。凡陪偿无名虚契所负，及还过元本者，并行赦免。"时世祖尚未立，其后于此说盖尝认真行之。故《姚枢传》：枢被召至，为书数千言，其及救时之弊者，有曰"倚债负，则贾胡不得以子为母，破称贷之家"也。远年债负，限于一本一利，其法盖出乡村。农民收入少，春耕时借，至秋获而不能偿者，待至明秋，所入亦不过如此；因其借在去年而增息，必至永不能偿，故不得不限以元额。若商人之资本，则本为流通蕃息之财，周转之次数愈多，则其所生之利愈巨，不论历时之久暂，概限以子本相侔，实未为得其平，更有何人肯事出举？故此法在中国，本未必行于城市，而回鹘竟受此限制，其所损为已多矣，尚得为之咎乎？或曰：刘秉忠言有无名虚契，此已为非法。又《廉希宪传》："嗣国王头辇哥行省镇辽阳，有言其扰民不便者，诏起希宪为北京行省平章政事。有西域人，自称驸马，营于城外，系富民，诬其祖父尝贷息钱，索偿甚急。民诉之行省。希宪命收捕之。其人怒，乘马入省堂，坐榻上。希宪命捽下跪，而问之曰：法无私狱，汝何人，敢擅系民？令械系之。其人皇惧求哀，国王亦为之请，乃稍宽，令待对，举营夜遁。"又《王磐传》：出为真定、顺德等路宣慰使。"有西域大贾，称贷取息。有不时偿者，辄置狱于家，拘系榜掠其人。且恃势干官府，直来坐厅事，指挥自若。磐大怒。叱左右捽下，棰之数十。时府治寓城上，即挤诸城下，几死。郡人称快。"此两事则更堪发指矣。殊不知此乃元代亲贵所为，与西域贾人无涉也。《新元史·食货志》云："斡脱官钱者，诸王、妃、主以钱借人，如期并其子母征之，元初谓之羊羔儿息。时官吏多借西域贾人银，以偿所负，息累数倍，至没其妻子，犹不足偿。耶律楚材奏令本利相侔，永为定例。中统三年，定诸王投下取索债负人员，须至宣抚司彼此对证；委无异词，依一本一利还之。毋得将欠债官民人等强行拖拽，人口头匹准折财产，搅扰不安，违者罪之。至元八年，立斡脱所，以掌其追征之事。二十年，蠲昔刺斡脱所负官钱。是年，诏未收之斡脱钱悉免之。二十九年，复诏穷民无力者，本利免其追征，中户则征其本而免其利。元贞元年，诏贷斡脱钱而逃匿者罪之，仍以其钱赏首告者。《旧史·本纪》逃匿作逃隐。又：大德四年，正月，"命和林戍军借斡脱钱者，止偿其本。"大德元年，禁权豪斡脱。二年，诸王阿只吉索斡脱钱，命江西行省籍负债者之子妇。省臣以江南平定之后，以人为货，久行禁止，移中书省罢其事。五年，禁斡脱钱夹带他人营运，违者罪之。六年，札忽真妃子、念木烈大王位下遣使人燕只哥歹等追征斡脱钱物。不由中书，亦无元借斡脱钱数目，止云借斡脱钱人不鲁罕丁等三人。展转相攀，牵累一百四十余户。中书省议准：凡征斡脱官钱者，开坐债负户计、人名、数目呈中书省，转咨行省官，同为征理。照验元坐取斡脱钱人姓名，依理追征。毋致句扰违错。著为令。"观此，知回鹘之借贷，入元初不久，即为亲贵所攘夺矣，回鹘在中国放债，由来已久。《旧唐书·李晟传》：子憼，累官至右龙武大将军，沈湎酒色，恣为豪侈，积债至数千万。其子贷回鹘钱一万余贯不偿，为回鹘所诉。文宗怒，贬憼为定州司法参军。即其一事。《通鉴》：德宗贞元三年，河陇既没于吐蕃，自天宝已来，安西、北廷奏事及西域使人在长安者，归路既绝，人马皆仰给于鸿胪。礼宾委府县供之，于度支受直。度支不时付直，长安市肆不胜其弊。李泌知胡客留长安久者，或四十余年，皆有妻子，买田宅，举质取利，安居不欲归，命检括胡客有田宅者停其给，凡得四千人。胡三省《注》："举者，举贷以取倍称之利也。质者，以物质钱，计月而取其利也。"案此所谓倍称者，犹言其为重利耳，非谓其利与本相侔也。此等胡客，随回鹘而来者甚多，故亦冒回鹘之名。读《新唐书·回鹘传》可见。元世西域来者，不皆回鹘。回鹘，元时称畏吾儿，亦不称回鹘。放债者称回鹘，盖犹是唐世胡客之后，元初来自西域之贾胡，与之合流也。然则西域商人在中国放债，不但为时甚早，亦且历时甚久矣。迄不闻其以重利盘剥，为民所恨，为法所诛，何哉？无如西域之亲贵以资依倚，势固不容尔也。《元史·张珪传》：珪于泰定初论当世得失，有曰："中卖宝物，世祖时不闻其事。自成宗以来，始有此弊。分珠寸石，雠直数万。大抵皆时贵与斡脱中宝之人，妄称呈献，冒给回赐，高其直且十倍。蚕蠹国财，暗行分用。"斡脱之罔利，在此不在彼，亦时贵所为也。

〔三六〕印子钱

予十余龄时，即闻上海有所谓印子钱者，专由印度人放诸华人。其后旅沪，闻人言亦如是。然其实非也。《清史稿·成性传》：附《朱克简传》。康熙十一年，授工科给事中。疏陈民生十害，其九为放债，云："百姓十室九空，无借乘急取利，逐月合券，俗谓印子钱，利至十之七八，折没妻孥。"则清初已有之矣。其时为此者，似以旗人为多。盖法之所禁，非恃势不能为也。《清史稿·赵士麟传》：康熙二十三年，授浙江巡抚。"杭州民贷于驻防旗兵，名为印子钱。取息重，至鬻妻孥、卖田舍；不偿，则哄于官。营兵马化龙殴官，成大狱。士麟移会将军，掣缴券约，捐资代偿。将军令减子归母，母复减十之六。事遂解，民大称颂。"此事可谓不法已极。然士麟徒能代偿，不能惩也。又《马如龙传》：康熙二十四年，迁杭州知府。"杭州民贷于旗营，息重不能偿，质及子女。如龙请于将军，核子母，以公使钱代偿。杭州民咸颂如龙。"则士麟之所为，并不过救一时之急，尚未能庇及来年也。《刘荫枢传》：康熙时，除刑科给事中。疏言："京师放债，六七当十；半年不偿，即行转票，以子为母。数年之间，累万盈千。乞敕严立科条，照实贷银数三分起息。"《卫既齐传》：康熙时，授直隶霸州州判。"民贷于旗丁，子钱过倍，横索无已。既齐力禁戢之，无敢逞。"则又南北皆然。《成性传》云逐月合券，此云半年不偿乃转票,似其盘剥较轻,然借时先有折扣,则亦未可谓轻也。此与赵瓯北所云放京债者无异,_{见《京债》条。}足见其由来已久。《张照传》:乾隆七年,擢刑部尚书。"民间贷钱征息,子母互相权,谓之印子钱。雍正间,八旗佐领等有以印子钱朘所部旗丁者,世宗谕禁革,都统李禧因请贷钱者得自陈,免其偿,并治贷者罪。至是,照言印子钱宜禁,如止重利放债,依违禁取利本律治罪,禧所议宜罢不用。从之。"盖重利放债,究以印子钱为最甚也。参看《羊羔利》条。

上海晚近之重利放债,民国二十一年十二月八日之《时事新报》曾载之。其说分洋债与印子钱为二。名印度人所放者曰洋债。云:其利为十分。如借百元者,月付息十元,一年则百二十元矣。借者不书借据,但于空白纸上印一指模与之。若不能偿,则彼于此纸上填写本利而兴讼。所写利率,不过二分,以避盘剥之咎,然本钱则任其填写矣。印子钱,该报云最为普遍。大抵借五十元者,先扣去鞋袜费五元,实止借得四十五元,而每日须还一元,二月为清,则共得六十元矣。所借少则为期短。如借十元先扣一元,日还四角,一月为清,则共得十二元也。又有曰礼拜钱者,每星期付息一次。如借银十元,扣去鞋袜费一元,每星期付息一元。又有曰加二钱者,借百元,月付息二十元。又有曰皮球钱者,还不逾日,晨借十元,晚还十元二角。以上皆《时事新报》所载也。别有一报,_{予所作笔记及剪存报纸,因旧居为倭寇炸毁,悉亡佚破损。此纸即破损者之一。}所记报名及年月日,_{均不可考。}则以印子钱专为印度人所放。盖印子钱本中国重利盘剥之旧名,在晚近之上海,则以印度人所放为多也。《时事新报》此则,乃上海商业储蓄银行所登,为该行静安寺路分行创办信用小借款而设,实广告也。信用小借款,利率自云为七厘半。局外人论者云:以其先扣利息及本金分期拨还,实合一分五厘以上。

〔三七〕掌　固

《通鉴》隋高祖开皇十七年："大理掌固来旷上言大理官司太宽，帝以旷为忠直，遣每旦于五品行中参见。旷又告少卿赵绰滥免徒囚，帝使信臣推验，初无阿曲。帝怒，命斩之。绰固争，以为旷不合死"云云。胡《注》云：掌固，盖即汉之掌故。唐省、台、寺、监，皆有掌固，固隋制也。案《旧唐书·职官志》尚书省云亭长、掌固，检校省门户仓库厅事陈设之事。见《尚书都省注》。此非汉掌故职，其人亦未必能上书言事；然则隋制似类汉，唐制未必袭隋。

〔三八〕纵 火

《隋书·高颎传》：文帝问颎以取陈之策。颎曰："江南土薄，舍多竹茅，所有储积，皆非地窖。若密遣行人，因风纵火，待彼修立，复更烧之。不出数年，自可财力俱尽。"今按以此策施之营造多用木材之国，实良图也。或谓安得如许人入彼境？不如彼据我境，我民之习其情，通其语者多矣。此辈固非尽忠，纯然歆以厚利，质其家属而驱使之，安见不可得数千人之用邪？彼入我境之浪人，皆是物也，今之藏谷，诚不于茅竹之舍，然今之制敌者，又岂专恃纵火邪？

〔三九〕竞　渡

　　竞渡之戏见于正史者,《隋书·地理志》始载之云:"屈原以五月望日赴汨罗,土人追至洞庭不见,湖大船小,莫得济者,乃歌曰:'何由得渡湖。'因尔鼓櫂争归,竞会亭上,习以相传,为竞渡之戏。其迅楫齐驰,櫂歌乱响,喧振水陆,观者如云,诸郡率然,而南郡、襄阳尤甚。二郡又有牵钩之戏,云从讲武所出,楚将伐吴,以为教战,流迁不改,习以相传。钩初发动,皆有鼓节,群噪歌谣,振惊远近,俗云以此厌胜,用致丰穰。其事亦传于他郡。"案观南郡、襄阳之举,则祈谷与习武之意为多,屈原之说特其附会耳。京口之俗,亦以五月五日为斗力之戏,各料强弱相敌,事类讲武,"梁简文之临雍部,发教禁之,由是颇息。"则其明证。而祈年、讲武又非二事,《礼记》曰:季春出火可焚也。然后简其精锐,历其卒伍,而君亲誓命,以习军旅,左之右之,坐之起之,以观其习变也。而流示诸会,而盐诸利,以观其不犯命也。求服其志,不贪其得,故以战则克,以祭则受福。凡公共集会,无不作有益之事,寓教诫之意如此。然久之迷信渐淡,争战渐希,则徒变而为游戏矣。角觚之变是也,此亦可云社会进化。

〔四〇〕怪 异

历代《五行志》所载诸怪异事，有可以理解者，亦有不可解者。其不可解者或出虚诬，然亦有不解尽指为虚诬者，要之，理无穷而人之所解知者尚少耳。《宋史·五行志》：太平兴国九年，扬子县民妻生男，毛被体半寸余，面长，顶高，乌眉，眉毛粗密，近发际有毛两道，软长眉，紫唇，红耳，厚鼻，大类西域僧。至三岁，画图以献。当时扬州未必无胡人杂居，此妇或与胡通而生此子。此理之可解者也。其不可解者，元丰末，尝有物大如席，夜见寝殿上，而神宗崩。元符末，又数见，哲宗崩。至大观间，渐昼见。政和元年以后，大作，每得人语声则出。先若列屋摧倒之声，其形麈丈余，仿佛如龟，金眼，行动硁硁有声。黑气蒙之，下人了了，气之所及，腥血四洒，兵刃皆不能施。又或变人形，亦或为驴，自春历夏，昼夜出无时，遇冬则罕见。多在掖庭宫人所居之地，亦尝及内殿，后习以为常，人亦不大怖。宣和末，浸少，而乱遂作。此事记载，庸不尽实，然历时甚久，见者甚多，亦不能尽指为虚诬，何邪？

〔四一〕 传衣钵

《新五代史·和凝传》云："唐故事，知贡举者所放进士，以己及第时名次为重。凝举进士及第时第五，后知贡举，选范质为第五。后质位至宰相，封鲁国公，官至太子太傅，皆与凝同，当时以为荣焉。"《文献通考·选举考》引叶石林曰："唐末，礼部知贡举，有得程文优者，即以己登第时名次处之，不以甲乙为高下也，谓之传衣钵。和凝登第，名在十三，后得范鲁公质，遂处以十三。其后范登相位，官至太子太傅，封国于鲁，与凝皆同，世以为异也。"

〔四二〕生　日

　　生日称庆,古无有也。《隋书·高祖纪》,仁寿三年四月癸卯诏曰:"哀哀父母,生我劬劳。欲报之德,昊天罔极。但风树不静,严敬莫追,霜露既降,感思空切。六月十三日是朕生日,宜令海内为武元皇帝、元明皇后断屠。"是为帝王诏旨自言生日之始,然尚出于追念劬劳之意,未曾令人称庆也。《旧唐书·玄宗纪》,开元十七年:"八月癸亥,上以降诞日,燕百寮于花萼楼下。百寮表请以每年八月五日为千秋节,王公已下献镜及承露囊,天下诸州咸令燕乐,休暇三日,仍编为令。从之。"则群以宴乐为务,绝无感怆之意矣。《新唐书·礼乐志》述其事,谓其"君臣共为荒乐,当时流俗多传其事以为盛。其后巨盗起,陷两京,自此天下用兵不息,而离宫苑囿,遂以荒埋。独其余声遗曲传人间,闻者为之悲凉感动",岂不哀哉!然自肃宗已后,皆以生日为节,惟德宗不立节,然王虔休犹作《继天诞圣乐》以进,固知其端一开,其流不易塞也。《旧唐书·职官志》礼部:"凡千秋节御楼设九部之乐,百官袴褶陪位。"《礼乐志》又曰:"帝幸骊山,杨贵妃生日,命小部张乐长生殿,因奏新曲,未有名,会南方进荔枝,因名曰《荔枝香》。"《旧唐书·睿宗诸子传》:"(玄宗)每年至宪生日,必幸其宅,移时宴乐。"则相与为荒嬉者,又不独一千秋节矣。

　　《旧唐书·韦绶传》:"穆宗即位,以师友之恩,召为尚书右丞兼集贤院学士。绥以七月六日是穆宗载诞节,请以是日百官诣光顺门贺太后,然后上皇帝寿。时政道颇僻,敕出,人不敢议。久之,宰相奏古无生日称贺之仪,其事终寝。"《新唐书·唐临传》:孙绍,中宗时为太常博士。"四时及列帝诞日,遣使者诣陵如事生,绍以为非礼,引正谊固争。"是生日唐时人固皆知其非礼也,特莫能诤耳。夫古无是礼者,何也?古无历日,安知生日。臧荣绪以宣尼庚子生,是日陈五经而拜之,失尊圣之道矣。然宣尼庚子生,犹有书传可据也。武宗初即位,即以二月十五日为玄元皇帝降生日,立为降圣节,则矫诬甚矣。

　　所恶于生日称庆者,何也?曰:为其多费也。《旧唐书·文宗纪》:"开成二年九月史无九月字,然八月壬辰朔,其月不得有甲申。甲申诏曰:庆成节朕之生辰,天下锡宴,庶同欢泰。不欲屠宰,用表好生,非是信尚空门,将希无妄之福。恐中外臣庶,不谕朕怀,广置斋筵,大集僧众,非独凋耗物力,兼恐致惑生灵。自今宴会蔬食,任陈脯醢,永为常例。"观此,知广置斋筵,费转大于陈脯醢者也。"又敕:庆成节,宜令京兆尹准上巳、重阳例,于曲江会文武百寮,延英奉觞宜权停。"盖自甘露变后,帝居常忽忽不怿,见《新唐书·李训传》。故有此敕。然曲江之会,自此又成故事矣。《纪》于是年及三年四年皆书之。《新唐书·赵隐传》:隐以咸通末辅政,"懿宗诞日宴慈恩寺,隐侍母以安舆临观。"可见燕集之盛。《旧唐书·哀帝纪》:帝以八月丙午即位,"甲寅,中书奏:皇帝九月三日降诞,请以其日为乾和节。从之。丁巳,敕:乾和节方在哀疚,其内道场宜停。庚申,敕:乾和节文武百寮诸军诸使诸道进奏官准故事于寺观设斋,不得宰杀,只许酒果脯醢。辛酉,敕:三月二十三日嘉会节。伏以大行皇帝仙驾上升,灵山将卜,神既游于天际,节宜辍于人间。准故事,嘉会节宜停。"是时唐已朝不保夕,而旬日之间,因此降敕者四焉,岂不哀哉!

梁太祖生日曰大明节,开平二年,百官设斋于相国寺。三年,帝御文明殿,设斋僧道,召宰臣、翰林学士预之。后唐明宗生日曰应圣节,百寮于敬爱寺设斋。晋高祖生日曰天和节,宴近臣于广政殿。周太祖生日曰永寿节,广顺二年七月丙辰,诏内外臣寮,每遇永寿节旧设斋供,今后中书门下与文武百官共设一斋,侍卫亲军都指挥使已下共设一斋,枢密使内诸司使已下共设一斋,其余前任职员及诸司职掌更不得开设道场及设斋。皆见《旧五代史·本纪》,饮食若流,万舞翼翼,谓之何哉?

　　休假例为三日,自唐至五代无变。《旧五代史·梁太祖纪》:开平元年五月"辛巳,有司奏以降诞之日为大明节,休假前后各一日"。《末帝纪》:乾化三年三月,"文武百官上言,请以九月十二日帝降诞日为明圣节,休假三日,从之。"《唐明宗纪》:天成元年六月,"中书奏请以九月九日皇帝降诞日为应圣节,休假三日,从之。"降圣节本休假一日,《旧唐书·武宗纪》。《薛史·后唐·明宗纪》:天成三年正月,中书上言:"旧制遇二月十五日为圣祖降圣节,应休假三日,准会昌元年二月敕休假一日,请准近敕。从之。"则未尝有三日之制也。《末帝纪》:清泰二年正月乙巳,"中书门下奏:遇千春节,凡刑狱公事奏覆,候次月施行。今后请重系者即候次月,轻系者即节前奏覆决遣。从之。"《晋高祖纪》:天福六年"二月辛卯诏天下郡县,不得以天和节禁屠宰,辄滞刑狱"。则其废事,又有出于休假之外者矣。

　　《旧唐书·崔日用传》:玄宗拜日用吏部尚书,"日用尝采《毛诗·大雅、小雅》二十篇及司马相如《封禅书》,因上生日表上之,以申规讽,并述告成之事。"《韦执谊传》:"德宗载诞日,皇太子献佛像。"生日进献,其初盖不过如此而已。乃后遂有大相径庭者。《新唐书·常衮传》言:代宗时,"天子诞日,诸道争以侈丽奉献,不则为老子、浮屠解祷事。衮以为:汉文帝还千里马不用,晋武帝焚雉头裘，宋高祖碎琥珀枕，是三主者，非有聪明大圣以致治安，谨身率下而已。今诸道馈献，皆淫侈不急，而节度使、刺史非能男耕而女织者，类出于民，是敛怨以媚上也，请皆还之。"然《食货志》言：帝生日、端午，于四方贡献至数千万者，加以恩泽。则岂徒不能还之而已！《旧唐书·齐映传》：映以贞元二年拜平章事，三年正月贬夔州，又转衡州，七年授桂管观察使，又改洪州刺史、江西观察使。"映常以顷为相辅，无大过而罢，冀其复入用，乃掊敛贡奉，及大为金银器以希旨。先是，银瓶高者五尺余，李兼为江西观察使，乃进六尺者，至是，因帝诞日、端午，映为瓶高八尺者以献。"《卢征传》："贞元八年春同州刺史阙，特诏用征，数岁转华州刺史。征冀复入用，深结托中贵，厚遗之。故事：同、华以近地人贫，每正、至、端午、降诞，所献甚薄；征遂竭其财赋，每有所进献，辄加常数，人不堪命。"盖踵事增华，遂成风气矣。《新唐书·郑珣瑜传》："为河南尹，未入境，会德宗生日，尹当献马，吏欲前取印白珣瑜视事，且纳贽；珣瑜徐曰：未到官而遽事献礼欤？不听。"盖吏之务求自媚如此。《旧五代史·梁太祖纪》：开平元年大明节，内外臣寮各以奇货良马上寿；二年，诸道节度、刺史各进献鞍马、银器、绫帛以祝寿；三年，诸道节度、刺史及内外诸司使咸有进献。此岂能男耕女织欤？又《袁象先传》云："梁祖领四镇，统兵十万，威震天下。关东藩守，皆其将史，方面补授，由其保荐，四方舆金辇璧，骏奔结辙，纳赂于其庭，如是者十余年，寖成风俗。藩侯牧守，下逮群吏，罕有廉白者，率皆掊敛剥下，以事权门。"观此而梁祖之生辰所取于其下者可知矣。又《唐明宗纪》：即位后，诏"天下节度、防御使，除正、至、端午、降诞四节量事进奉，达情而已，自于州府圆融，不得科敛百姓。其刺史虽遇四节，不在贡奉。"又《晋高祖纪》：天福六年正月戊辰诏："应诸州无属州钱处，今后冬至、寒食、端午、天和节及诸色谢贺，不得进贡。"观此，知当时诸州之于各节进奉，实有力不能胜之苦也。然又《汉隐帝纪》：乾祐三年三月，"邺都留守高行周、兖州符彦卿、郓州慕容彦超、西京留守白文珂、镇州武行德、安州杨信、潞州常思、府州折从阮皆自镇来朝，嘉庆节故也。"则诸州镇于贡奉之外，又有身自来朝者矣。仆仆道途，又增馆驿之费，在朝廷亦更增宴犒之费而已。又《唐明宗纪》：天成二年九月"伪吴杨溥遣使以应圣节贡献"，则邻国亦有来者，可见其时之人视生日之重矣。

《旧唐书·李德裕传》云："元和已来，累敕天下州府，不得私度僧尼。徐州节度使王智兴聚货无厌，以敬宗诞月，请于泗州置僧坛，度人资福，以邀厚利。江、淮之民，皆群党渡淮。德裕奏论曰：王智兴于所属泗州置僧尼戒坛，自去冬于江淮已南，所在悬榜招置。江淮自元和二年后，不敢私度；自闻泗州有坛，户有三丁，必令一丁落发，意在规避王徭，影庇资产。自正月已来，落发者无算。臣今于蒜山渡点其过者，一日一百余人。勘问惟十四人是旧日沙弥，余是苏、常百姓，亦无本州文凭，寻已勒还本贯。访闻泗州置坛次第，凡僧徒到者，人纳二缗，给牒即回，别无法事。若不特行禁止，比到诞节，计江、淮已南，失却六十万丁壮。"此藩镇借进奉之名，以图自利之实最显者也。失却丁壮，为官家所深惧。然《薛史·梁末帝纪》：龙德元年，"三月丁亥朔，礼部员外郎李枢上言：请禁天下私度僧尼及不许妄求师号紫衣。如愿出家受戒者，皆须赴阙比试艺业施行。愿归俗者，一听自便。诏曰：两都左右街赐紫衣及师号僧，委功德使具名闻奏。今后有阙，方得奏荐；仍须道行精至，夏腊高深，方得补填。每遇明圣节，两街各许官坛度七人，诸道如要度僧，亦仰就京官坛，仍令礼部给牒。今后只两街置僧录，道录、僧正并废。"此诏限制颇严，然明圣节仍许度七人者，盖终牵于福报之说也。又《唐庄宗纪》：同光二年十月甲戌，"河南尹张全义上言：万寿节日，请于嵩山开琉璃戒坛度僧百人。从之。"庄宗乱政不足论。又《唐末帝纪》：清泰二年三月辛亥，"功德使奏：每年诞节，诸州府奏荐僧道，其僧尼欲立讲论科、讲经科、表白科、文章应制科、持念科、禅科、声赞科，道士欲立经法科、讲论科、文章应制科、表白科、声赞科、焚修科，以试其能否。从之。"唐世每逢诞节，恒有会三教讲论之举，见《旧唐书·李泌、韦渠牟、白居易》《新唐书·徐岱传》。《梁太祖纪》：开平元年宣旨罢之。然《明宗纪》：天成元年召缁黄之众于中兴殿讲论，从近例也。则其后又复矣。州府盖因之，而有奏荐之举邪？

《薛史·晋高祖纪》：天福四年二月庚子，"以天和节宴群官于广政殿，赐物有差。"是逢诞节，上于其下，亦有所赐也。《通鉴》后汉隐帝乾祐三年："隐帝遣供奉官押班阳曲张永德赐昭义节度使常思生辰物。"胡三省《注》曰："生辰物，谓圣节回赐。"《旧唐书·太宗纪》：贞观二年"六月庚寅皇子治生，宴五品已上，赐帛有差，仍赐天下是日生者粟"，更为无名之滥赐矣。《高宗纪》：龙朔二年"六月己未朔，皇子旭轮生"，"七月丁亥朔，以东宫诞育满月，大赦天下，赐酺三日"。案此时旭轮非东宫，《新唐书·纪》书以"子旭轮生满月，大赦，赐酺三日"是也。又永淳元年"二月癸未，以太子诞皇孙满月，大赦，改开耀二年为永淳元年，大酺三日"。则生子满月相庆，唐时亦已有之，赐酺亦为滥恩，大赦更成乱政矣。

《薛史·晋少帝纪》：天福七年七月，"遣中使就中书赐宰臣冯道生辰器币，道以幼属乱离，早丧父母，不记生日，坚让不受。"岂真不记生日哉？无亦不欲受无名之赐，而为此逊辞以谢邪？冯道犹如此，而世之遇生辰俨然受馈者可耻矣。

《通鉴》后汉隐帝乾祐三年二月："朝廷欲移易藩镇，因其请赴嘉庆节上寿，许之。"《注》："《五代会要》：帝以三月九日为嘉庆节。"洪迈《随笔》曰："唐穆宗即位之初年，诏曰：七月六日是朕载诞之辰，其日，百寮、命妇宜于光顺门进名参贺，朕于门内与百寮相见。明日，又敕受贺仪宜停。先是，左丞韦绶奏行之，宰臣以为古无降诞受贺之礼，奏罢之。然次年复行贺礼。诞节之制，始于明皇，今天下宴集，休假三日。受贺之事，盖自长庆至今用之也。"

〔四三〕瞽者审于音声

或曰：无目则听益聪，昔太平天国与清军相持，两军皆虑敌人之掘地道而攻城也，则于城内豫掘地道，使瞽者坐其中而听之，知外有掘地者，则豫为之备。案《诗·有瞽笺》云："瞽，蒙也。以为乐官者，目无所见，于音声审也。"则古有是说矣。

〔四四〕 猴育于人

　　《辍耕录》有猴盗一条，云："夏雪簑云：尝见优人杜生彦明说：向自江西回至韶州，寓宿旅邸，邸先有客曰相公者居焉。刺绣衣服，琢玉帽顶，而仅皮履。生惑，具酒肴延款，问以姓名、履历，客具答甚悉，初不知其为盗也。次日，客酬燕，邀至其室，见柱上锁一小猴，形神精狡，既而纵使周旋席间，忽番语遣之，俄捧一碟至，复番语詈之，即易一碗至。生惊异，询其故。客曰：某有婢，得子，弥月而亡，此时猴生旬有五日，其母毙于猎犬，终日叫号可怜，因令此婢就乳之。及长成，遂能随人指使，兼解番语耳。生别后，至清州，留吴同知处，忽报客有携一猴入城者，吴语生云：此人乃江湖巨盗，凡至人家，窥见房室路径，并藏蓄所在，至夜，使猴入内偷窃，彼则在外应接，吾必夺此猴，为人除害也。明日，客谒吴，吴款以饭，需其猴，初甚拒，吴曰：否则，就此断其首，客不得已，允许，吴酬白金十两，临去，番语属猴。适译史闻得来告吴曰：客教猴云，汝若不饮不食，彼必解尔缚，可亟逃来，我只在十里外小寺中伺也。吴未之信，至晚，试与之果核水食之类，皆不食，急使人觇之，此客果未行，归报，引猴挝杀之。"此条所记，必多夸侈失实之辞，然必非子虚，猴固有言语，特远较人为简耳。心理学有所谓隔离儿童者，谓人失抚育，而育于物，过六岁后，虽与人接，终不能言语矣。反其道而观之，猴育于人，能解数十句人语，固无足怪，谓教以不饮不食，以冀解缚而逃，又与相期十里外，必附会造作之辞。然可使递器物，或指使取某物，则必不诬矣。人使之窃，猴何罪焉，且亦未经鞫讯，焉知所言必实，而遽挞杀猴，而终不问其人，失刑甚矣，岂第违爱物之道哉！

〔四五〕 隋唐胡化之残迹

　　自金行失驭，五胡扰乱中原者垂三百年，至隋兴而后结其局。然谓隋唐之世，腥膻之迹，业已荡涤无余，则又不可。试观《唐书·宰相世系表》，其族类之出于胡者几何？河南刘氏出于匈奴，独孤氏亦自托于匈奴，然不必可信。盖当时不独华夏，即匈奴亦以为较胜于北方诸族，而攀附之矣。唐世浑氏明为铁勒，而亦自托于浑邪王，其明证也。元氏、长孙氏皆出拓跋，源氏出于秃发，明白无疑。宇文氏为南单于之裔，似非虚构，别见《宇文氏先世》条。然臣属佚豆归之费野头氏，亦从其主称宇文氏，令狐氏又尝赐姓为宇文氏，则亦非尽南单于胄胤矣。窦氏自托于窦氏，其实即没鹿回尝赐姓曰纥豆陵。河南房氏自谓系出清河，使北房留而不遣，房族谓房为屋引，因改为屋引氏，后世随魏南迁，乃复为房氏，其实房之改为屋引不可知，屋引之改为房，则真耳。而侯氏之实为侯伏氏，河间张氏之实为比罗氏，于氏之实为万纽于氏，阎氏之实为大野氏。视此矣，京兆高氏自谓与北齐同祖，北齐之出渤海不可信，则京兆高氏之出渤海，亦不可信也。丙氏自托与李陵，兼援胡汉族于假托中，又别创一格。而有唐一代用藩将尤盛。夫辅弼必资客族，则是异族之政权，未尝见削也。战斗多恃藩将，则是异族之武力未尝遂衰也。然则隋唐两代不过蹑九五而制幽夏者，不出异族而已。谓汉族之文治武功已尽复两汉以前之旧，固不可也。抑隋唐先世皆出武川，其自托于汉族信否不可知，而其与异族关系之密，则不诬矣。谓其有以大异于北齐，吾不信也。

〔四六〕契丹先世

鲜卑部落兴起最后者,时曰契丹。契丹者,宇文氏别种,为慕容氏所破,窜于松、漠之间。又为元魏道武帝所破,乃分为二:西曰奚,_{本称库莫奚,隋以后去库莫,但称奚。}东曰契丹。奚众依土护真水,_{今老哈河。}盛夏徙保冷陉山。_{在妫州西北。}契丹在潢水之西、土河之北,_{潢水,今西拉木伦河,土河,即老哈河。}奚众分为五部,契丹分为八部焉。魏孝文时,有部族曰地豆干者,_{在室韦西千余里。}欲与高句丽、柔然分其地。契丹惧,内附,止白狼水东。_{亦今老哈河,《辽史·营卫志》云:是时始去奇首可汗故壤。}北齐文宣帝之世,击破之,虏其男女十余万口。又为突厥所逼,仅以万家寄于高句丽。隋时,乃复来归,依托纥臣水_{吐护真之异译。}以居。分为十部。唐初,其酋长窟哥内属,以其地置松漠都督府。又有辱纥主曲据者,亦来归,以其地为玄州。奚酋可度者内附,以其地为饶乐都督府。又以八部、五部皆为州,而以营州_{治柳城。}统饶乐、松漠二府焉。唐时,君临契丹者为大贺氏,继为遥辇氏,最后为世里氏。《辽史·地理志》谓唐以大贺氏窟哥为使持节都督十州军事,窟哥殆大贺氏之始主邪?窟哥死,契丹连奚叛。行军总管阿史德枢宾执松漠都督阿卜固,献于京师。阿卜固盖亦大贺氏,窟哥后也。窟哥孙曰尽忠,为松漠都督。先是高祖时,契丹别部酋帅孙敖曹内附。诏于营州城旁安置。即以其地为归诚州。

尽忠，敖曹孙，万荣之妹婿也。武后时，尽忠、万荣反，陷营州，进攻幽、冀。武后发大兵讨之，不能克。会尽忠死，其众为突厥默啜所袭破，万荣亦败于奚，为其家奴所杀，其余众不能立，遂附于突厥。契丹是时，虽见破坏，然其兵力，则已崭然见头角矣。玄宗开元二年，尽忠从父弟失活，以默啜政衰，来归。奚酋李大酺亦降。时奚亦服默啜。仍置松漠、饶乐二府，复营州都督。失活卒，开元六年。从父弟婆固袭。有可突干者，勇悍。婆固欲除之，不克，奔营州。都督许钦澹发兵及李大酺攻之，败绩。婆固、大酺皆死，钦澹惧，徙军入榆关。是为奚人见弱于契丹之始。可突干立婆固从父弟郁干，卒，开元十年。弟吐干袭。复与可突干猜阻，来奔。国人立吐干弟邵固。《辽史》。《唐书》云李尽忠弟，必误。为可突干所弑，胁奚众共附突厥。奚酋鲁苏大酺弟。不能拒，亦来奔。幽州击可突干，破之。可突干走。奚众降。可突干复盗边，朝廷擢张守珪为幽州长史，经略之。守珪善将，可突干惧，阳请臣，而稍趋西北倚突厥。有过折者，亦契丹部长，与可突干俱掌兵，不相能。守珪使客阴邀之，即斩可汗屈列及可突干来降，时开元二十二年也。以过折为松漠都督。未几，为可突干余党泥礼所弑，屠其家。泥里，即雅里，亦作涅里，辽太祖七世祖也。《辽史·百官志》载遥辇氏可汗九世：曰洼，曰阻午，曰胡剌，曰苏，曰鲜质，曰昭古，曰耶澜，曰巴剌，曰痕德堇。《营卫志》以屈列当洼可汗，则自邵固以上，皆大贺氏矣。《辽史·耶律曷鲁传》：说奚曰："契丹与奚，言语相通，实一国也。我夷离堇于奚，岂有陵轹之心哉？汉人杀我祖奚首，奚离堇怨次骨，日夜思报汉人，顾力微弱，使我求援于奚耳。"此奚离堇指太祖，则奚首者，太祖先世，为汉人所杀者也，疑即可突干。辽人立迪辇阻里，唐赐姓名曰李怀秀，妻以宗室之女，时天宝四年也。是岁，杀公主，叛去。迪辇阻里，《辽史》以当阻午可汗。安禄山讨破之。更封其酋李楷落。禄山又出兵讨契丹，大败。《辽史·营卫志》："太祖四世祖耨里思，时为迭剌部夷离堇,遣只里姑逆战潢水南,禄山大败。"《萧塔葛传》:"八世祖只鲁,遥辇氏时,尝为虞人,当安禄山来攻,只鲁战于鲁山之阳,败之。以功为北府宰相。"即其事也,可见契丹是时兵力之强。自是契丹中衰,附奚以通于唐。其酋长曰屈戍。武宗会昌二年,回纥破,来降。《辽史》以当耶澜。习尔,咸通中再贡献。《辽史》以当巴剌,曰钦德,即痕德堇也。嬗于辽太祖。

太祖七世祖曰雅里,即弑过折之泥礼,已见前。据《太祖本纪》,雅里之子曰昆牒,昆牒之子曰颏领,颏领之子曰肃祖耨里思,肃祖之子曰懿祖萨剌德,懿祖之子曰玄祖匀德,玄祖之子曰德祖撒剌的,德祖之子,即太祖也。当大贺氏之亡,推戴雅里者颇众。雅里让不有国,而立遥辇氏。见《耶律曷鲁传》。时则契丹八部,仅存其五,雅里仍更析为八。又析三耶律为七,二审密为五。三耶律者,曰大贺,曰遥辇,曰世里,即相次居汗位者。二审密者,曰拔里,曰乙室已,即后来之国舅也。三耶律之析为七也,大贺、遥辇二氏分为六,而世里氏仍合为一。是为迭剌部。故终遥辇氏之世,强不可制云。契丹之初,草居野次,靡有定所。雅里始制部族各有分地。又立制度,置官属,刻木为契,画地为牢,政令大行。《地理志》:庆州,"辽国五代祖勃突,貌异常。有武略,力敌百人。众推为主,生勃突山,因以为名。没葬山下。"以世数核之,当为颏领。以音译求之,则于毗牒为近。案雅里为太祖七世祖,并太祖数之,实当云八世。明白无疑。而《兵卫志》误作六世,岂《地理志》亦误差一世,因以毗牒为五世欤?肃祖大度寡欲,令不严而人化。懿祖尝与黄室韦挑战,矢贯数扎。玄祖教民稼穑,又善畜牧,国以殷富。德祖仁民爱物,始置铁冶。其弟述澜,亦称释鲁,《皇子表》:述澜为玄祖三子,德祖第四。为于越。遥辇氏岁贡于突厥,至是始免。疑当作回纥,屈戍时事。述澜北征干厥、室韦,南略易、定、奚、霤。始兴版筑,置城邑。教民种桑麻,习织组。已有广土众民之志。至太祖，乘遥辇氏之衰，又值晚唐之乱，遂崛起而成大业焉。以上辽先世事迹，大抵见《营卫志》。兼据《兵卫志》、《食货志》及《皇子表》。太祖东北灭渤海，服室韦、女直；西北服黠戛斯；西南服党项、沙陀、鞑靼、吐谷浑、回鹘；远至吐蕃、于阗、波斯、大食，亦通朝贡，其声威可谓极广。《辽史·地理志》称其地"东至海，西至金山，暨于流沙，北至胪朐河，南至白沟"，犹仅以疆理所及言之也。

〔四七〕契丹部族

　　契丹部族,见于史者,在元魏及唐五代时,其数皆八,惟隋时分为十部,而逸其名。元魏八部:曰悉万丹,亦作欣服万丹。曰何大何,曰伏弗郁,曰羽陵,曰日连,曰匹絜,曰黎,曰吐六于。唐时八部:曰达稽,曰纥便,曰独活,曰芬问,曰突便,曰芮奚,曰坠斤,曰伏。《五代史》八部:曰旦利皆,曰乙室活,曰实活,曰纳尾,曰频没,曰纳会鸡,曰集解,曰奚嗢。其名前后皆不同。《辽史·营卫志》云:"奇首八部,为高丽、蠕蠕所侵,仅以万口附于元魏。生聚未几,北齐见侵,掠男女十余万口,继为突厥所逼,寄处高丽,不过万家。部落离散,非复古八部矣。"又谓大贺氏之亡,八部仅存其五。太祖七世祖雅里,更析为八,似乎契丹部族,时有变更,然唐之置羁縻州也,达稽部为峭落州,纥便部为弹汗州,独活部为无逢州,芬问部为羽陵州,突便部为日连州,芮奚部为徒河州,坠斤部为万丹州,伏部为匹黎、赤山二州,则芬问部即羽陵,突便部即日连,芮奚部即何大何,坠斤部即悉万丹,伏部即匹絜,惟达稽、纥便、独活三部,不能知其与元魏时何部相当耳。然则部众虽更,部名虽改,而其分部之法,则后实承前。《五代史》部名之异于唐,此八部盖即雅里就五部所析。当亦如是矣。《辽史·地理志》:永州,"有木叶山,上建契丹始祖庙。奇首可汗在南庙,可敦在北庙。绘塑二圣并八子神像。相传有神人,乘白马，自马盂山浮土河而东。有天女，驾青牛，由平地松林泛潢河而下，至木叶山，二水合流，相遇，为配偶，生八子。其后族属渐盛，分为八部。"盖八部之分，由来甚旧，所托甚尊，故累遭丧败，其制不改耶？《太祖本纪》："辽之先世，出自炎帝，世为审吉国。其可知者，盖自奇首云。奇首生都庵山，徙潢河之滨。太祖七年，登都庵山，抚奇首可汗遗迹，徘徊顾瞻而兴叹焉。"《地理志》：上京道，龙化州，"奇首可汗居此，称龙庭。"《营卫志》："潢河之西，土河之北，奇首可汗故壤也。"又云："奇首可汗、胡剌可汗、苏可汗、昭古可汗，皆辽之先，世次不可考。"白马青牛，说虽荒诞，然奇首则似非子虚乌有之流。然隋时何以独分为十部？又唐置羁縻州之先，契丹酋长窟哥及辱纥主曲据皆来归，唐以窟哥之地置松漠都督府，以辱纥主曲据所部为玄州，合八部亦十部也。《辽史·营卫志》说如此。此又何说耶？曰：八部者，所以象奇首八子；八部外之二部，则所以象奇首可汗及其可敦，即《辽史》所谓三耶律、二审密者也。并三耶律二审密言之，则曰十部；去此二部言之，则曰八部。汉人言之有异，契丹之分部，则未尝变也。何以知之？曰：以太祖创业之事知之。

《五代史》述太祖之创业也，曰："契丹部族之大者曰大贺氏。后分为八部。部之长号大人。而常推一大人，建旗鼓，以统八部。至其岁久，或其国有疾疫而畜牧衰，则八部共议，以旗鼓立其次而代之。被代者以为约本如此，不敢争。某部大人遥辇次立，时刘仁恭据有幽州，数出兵摘星岭攻之。秋霜落，则烧其野草。契丹马多饥死，即以良马赂仁恭，求市牧地，请听盟约，甚谨。八部之人，以为遥辇不任事，选于其众，以阿保机代之。阿保机，不知其何部人也。是时刘守光暴虐，幽、涿之人，多亡入契丹。阿保机又间入塞，攻陷城邑，俘其人民，依唐州县置城以居之。汉人教阿保机曰：中国之王，无代立者。由是阿保机益以威制诸部而不肯代。其立九年，诸部以其久不代，共责诮之。阿保机不得已，传其旗鼓，而谓诸部曰：吾立九年,所得汉人多矣,吾欲自为一部,以治汉城,可乎?诸部许之。汉城在炭山东南滦河上,有盐铁之利,乃后魏滑盐县也。其地可植五谷。阿保机率汉人耕种,为治城郭、邑屋、廛市,如幽州制度。汉人安之,不复思归。阿保机知众可用。用其妻述律策,使人告诸部大人曰:我有盐池,诸部所食。然诸部知食盐之利,而不知盐有主人,可乎?当来犒我。诸部以为然。共以牛酒会盐池。阿保机伏兵其旁。酒酣,伏发,尽杀诸部大人。遂立不复代。"似契丹共主,本由选立,至辽太祖乃变为世袭者。然据《唐书》及《辽史》,则遥辇诸汗,世次相承,初无大贺氏亡,分为八部之说。《辽史·太祖纪》:唐天复元年,痕德堇可汗立,为本部夷离堇,专征讨。十月,授大迭烈府夷离堇。三年十月,拜于越,总知军国事。天祐三年十二月,痕德堇可汗殂。明年正月,即皇帝位。其汗位受诸遥辇,又彰彰也。此又何说邪?曰:太祖之所争,乃夷离堇之职,而非汗位也。夷离堇者,后来之北南二大王,《辽史》谓其统部族军民之政。《五代史》所谓建旗鼓以统八部者,盖即指此? _{世宗之立,即由北南二大王。李胡争之,卒不胜,可见北南二王权力之大。}契丹虽有共主,然征伐决之会议,田猎部得自行,其权力实不甚完,况于遥辇氏之仅亦守府?《五代史》之所纪,盖得之汉人传述。斯时述契丹事者,知有夷离堇而不知有可汗,正犹秦人之知有穰侯而不知有王,其无足怪。然太祖之汗位,则固受之痕德堇,非由八部所推之大人而变,谓太祖变公推之夷离堇为专任则可,谓其变嬗代之共主为世袭,则不可也。《辽史·营卫志》谓雅里析八部为王,立二府以总之。又析三耶律为七,二审密为五。三耶律者,曰大贺,曰遥辇,曰世里,即相次居汗位者。二审密者,曰乙室己,曰拔里,即耶律氏所世与为婚姻者也。二府,盖即后来之北南二宰相府:北宰相府,皇族四帐,世预其选。南宰相府,国舅五帐,世预其选。然则是时之总八部者,盖即三耶律,二审密;以其象奇首，故世汗位；以其象奇首可敦，故世婚皇族也。隋时，十部。唐时八部之外，别有松漠，玄州，其故盖亦如此？《五代史》谓八部之长，皆号大人；又谓推一大人，建旗鼓以统八部；似建旗鼓之大人，即在八部大人之中者。然又谓阿保机不知何部人，又谓太祖请自为一部，则太祖实非八部大人；其部族且在八部之外，亦隐隐可见也。

〔四八〕契丹农业

奚与契丹本皆以游牧为生。《北史》称其"随逐水草,颇同突厥"者也。至太祖之考匀德,仲父述澜,始教民以树艺、组织。太祖益招致汉人,令其耕种。及平诸弟之乱,弭兵轻赋,专意于农。至太宗时,则猎及出兵,皆戒伤禾稼。盖骎骎进于耕稼矣。《辽史·食货志》。道宗时,西蕃多叛。命耶律唐古督耕稼以给西军。唐古率众田胪朐河侧,岁登上熟。《辽史》本传。是其耕稼,不徒近中国之地,并以施之诸部族也。然史称"契丹旧俗,其富以马,其强以兵",又称"太祖时,畜牧之盛,括富人马不加多,赐大小鹘军万余匹不加少。自太宗至兴宗,垂二百年,群牧之盛如一日。天祚初年,马犹有数万群,每群不下千匹"。《辽史·食货志》。则其生业,究以畜牧为重云。

〔四九〕契丹文字

　　契丹先世,本无文字。《辽史》本纪：太祖神册五年,始制契丹大字。九月壬寅,大字成,诏颁行之。《五代史》谓汉人教契丹以隶书之半增损之,作文字数千,以代刻木之约。则契丹大字,实出中国。又《皇子表》：迭剌,性敏给。回鹘使至,无能通其语者。太祖使迭剌逆之,相从二旬,尽习其言与书,因制契丹小字,数少而该贯。则契丹小字,出于回鹘。今世所传契丹书,系增损汉文为之,则其小字,盖未尝通行也。《突吕不传》：制契丹大字,赞成为多。《耶律鲁不古传》：太祖制契丹国字,以赞成功,授林牙、监修国史。

〔五〇〕契丹文学

契丹文化之进步，观其种人通文学者之多，可以知之。其首出者当推人皇王倍。尝市书万卷，藏之医巫闾绝顶之望海堂。通阴阳，知音律，精医药、砭焫之术。工辽、汉文章。尝译《阴符经》。善画本国人物，如《射骑》《猎雪骑》《千鹿图》等，皆入宋秘府云。《辽史·宗室·义宗传》。此外通文学者，宗室中若世宗第五子和鲁重，若人皇王第四子平王隆先，若耶律学古，耶律资忠，耶律庶成、庶箴兄弟，庶箴子蒲鲁，耶律韩留，耶律昭，耶律陈家奴，耶律良。外戚中若萧劳古及其子朴，萧阳阿，萧柳，萧韩家奴。究心史学者，则庶成，韩家奴，及耶律孟简，耶律谷欲，耶律俨。善画者，则耶律显学，耶律褭里。善医者，则庶成及萧胡笃之祖敌鲁，耶律敌鲁，迭里特等。其事备见于《辽史》，迥非草昧榛狉之旧矣。《兴宗纪》：重熙十三年，六月，丙申，"诏前南院大王耶律谷欲，翰林都林牙耶律庶成等编集国朝上世以来事迹。"《耶律谷欲传》："奉诏与耶律庶箴、萧韩家奴编辽国上世事迹，未成而卒。"《耶律孟简传》："大康中，诣阙上表，言辽兴几二百年，宜有国史。上命置局编修。"实重熙十三年之诏所由来也。天祚帝乾统三年，又诏耶律俨纂太祖以下《实录》，共成七十卷。又案《辽史》谓耶律富鲁举进士第，帝怒其父庶箴擅令子就科目，有违国制，鞭之二百。则辽人并不欲其本族人从事文学。然《天祚纪》又谓耶律大石举天庆五年进士。盖一时风气所趋，虽国法亦不能禁也。

〔五一〕 契丹慕汉

　　《辽史·仪卫志》云:"辽国自太宗入晋之后,皇帝与南班汉官用汉服,太后与北班契丹臣僚用国服。"《太宗本纪》:会同三年,十二月,"丙辰,诏契丹人授汉官者从汉仪,听与汉人婚姻。"《外戚表序》:"契丹外戚,其先曰二审密氏,曰拔里,曰乙室已。至辽太祖,娶述律氏。大同元年,太宗自汴将还,留外戚小汉为汴州节度使。赐姓名萧翰,以从中国之俗。由是拔里,乙室已,述律三族,皆为萧姓。"《后妃传》曰:"太祖慕汉高皇帝,故耶律兼称刘氏,以乙室、拔里比萧相国,遂为萧氏。"其慕效汉人之心,可谓切矣。

〔五二〕突厥、契丹宗教类乌桓

　　乌桓之俗，"敬鬼神，祠天地、日月、星辰、山川及先大人之有健名者，祠用牛羊，毕，皆烧之。"《后汉书·乌桓传》。"有病，知以艾灸，或烧石自熨，烧地卧其上，或随痛病处，以刀决脉出血，及祝天地山川之神，无针药。"《三国·魏志·乌丸传注》引《魏书》。盖重巫，而医术则方在萌芽也。"俗贵兵死，敛尸以棺，有哭泣之哀。至葬，则歌舞相送。肥养一犬，以彩绳缨牵；并取死者所乘马衣物，皆烧而送之，言以属累犬，使护死者神灵归赤山。赤山，在辽东西北数千里，如中国人死者魂神归岱山也。"《后汉书·乌桓传》。《三国·魏志·注》引《魏书》："至葬日，夜聚亲旧员坐，牵犬马历位，或歌哭者，掷肉与之，使二人口诵咒文，使死者魂神径至，历险阻，勿令横鬼遮护，达其赤山，然后杀犬马衣物烧之。"

　　契丹旧俗，亦敬天而尊祖。《辽史·地理志》："永州，有木叶山，上建契丹始祖庙，奇首可汗在南庙，可敦在北庙，绘塑二圣并八子神像。相传有神人，乘白马，自马盂山浮土河而东；有天女，驾青牛车由平地松林泛潢河而下；至木叶山，二水合流，相遇为配偶，生八子。其后族属渐盛，分为八部。"《述律后传》："尝至辽、土二河之会，有女子乘青牛车，仓猝避路，忽不见。未几，童谣曰：青牛妪，曾避路。盖谚谓地祇为青牛妪云。"青牛妪为地祇，则白马神人必天神矣。凡举兵，必率文武臣僚，以青牛白马祭告天、地、日神，惟不拜月。分命近臣告太祖以下陵及木叶山神，乃诏诸道征兵焉。《辽史·兵卫志》。《辽史》谓"终辽之世，郊丘不建"，《仪卫志》二。乃不用汉礼祭天，非其俗本不祭天也。

《礼志》："冬至日，国俗，屠白羊、白马、白雁，各取血和酒，天子望拜黑山。黑山在境北，俗谓国人魂魄，其神司之，犹中国之岱宗云。每岁是日，五京进纸造人马万余事，祭山而焚之。俗甚严畏，非祭不敢近山。"黑山，似即乌桓之赤山。契丹旧地，在潢、土二水合流处；其北，正在辽东西北数千里也。又云："岁十月，五京进纸造小衣甲、枪刀、器械万副。十五日，天子与群臣望祭木叶山。用国字书状，并焚之。国语谓之戴辣。戴，烧也；辣，甲也。"似亦乌桓送死烧乘马衣物之俗。《北史·契丹传》云："父母死而悲哭者，以为不壮，但以其尸置于山树之上，经三年后，乃收其骨而焚之。因酌酒而祝曰：冬月时，向阳食。若我射猎时，使我多得猪鹿。"与《后汉书》所述乌桓之俗不合。《后汉书》云鲜卑"其言语习俗，与乌桓同"。契丹，鲜卑部落，不应殊异至此。或魏时契丹尝与他族杂处，《北史》误以他族之俗，为契丹之俗也。辽俗东向而尚左，东西为经，南北为纬，故御帐东向而横帐，此亦乌桓穹庐东开向日之习。

其丧葬之礼，有足见其俗之右武者。《北史·高车传》，"其死亡葬送，掘地作坎，坐尸于中，张臂引弓，佩刀挟稍，无异于生，而露坎不掩"，是也。《突厥传》："死者，停尸于帐，子孙及亲属男女各杀羊马，陈于帐前祭之。绕帐走马七匝，诣帐门，以刀劙面，且哭，血泪俱流。如此者七度，乃止。择日，取亡者所乘马及经服用之物，并尸俱焚之，收其余灰，待时而葬。春夏死者，候草木黄落；秋冬死者，候华茂，然后坎而瘗之。案古之为丧服者，至亲以期断，取天地已易，四时已变，凡在天地之中者，莫不更始之义也。士庶人三月而葬，亦取天道一时而小变之义也。突厥之所谓时者，虽与中国异，然其候时之变而葬，则与中国同。可以见礼之缘起,大略相类也。葬日,亲属设祭及走马、劙面,如初死之仪。表木为茔,立屋其中。图画死者形仪及其生时所战陈状。此可知壁画之缘起。尝杀一人,则立一石,有至千百者。又以祭之羊马头,尽悬于标上。"案突厥丧仪,颇类乌桓,惟焚尸为异。岂以近接西胡,故染其俗邪?抑古氏、羌之俗也?羌族本有火葬之俗。

〔五三〕蒙古之由来

蒙古，《辽史》作盟古，亦作萌古；《金史》作盟骨；《契丹事迹》作朦古；《松漠纪闻》作盲骨子；《西游记》始作蒙古，明时修元史沿用之，遂为定称焉。此种人即唐时室韦之蒙兀部。《元史译文证补》卷二十七下。然宋时已称此种人为鞑靼，明时蒙人亦自去蒙古之号，称为鞑靼，则蒙古之与鞑靼，亦必有关系矣。今试一考鞑靼之起源如下：

《五代史》：靺鞨之遗种，本在奚、契丹之东北，后为契丹所攻，而部族分散，或属契丹，或属渤海，别部散居阴山者，自号鞑靼，后从克用入关，破黄巢，由是居云、代之间。

据《唐书》、《五代史》及《辽史》，渤海盛强时，靺鞨悉役属之。契丹当太祖以前，初无攻破靺鞨之事。惟据《册府元龟》黑水帅突地稽随末率部落千余家内属，处之营州，唐武德初以其部落置燕州，此为黑水靺鞨之分处营州者，为契丹所攻，分居阴山，必即此一支也。

《黑鞑事略》："黑鞑之国，号大蒙古，沙漠之地有蒙古山，鞑语谓银曰蒙古，女真名其国曰大金，故鞑名其国曰大银。"

《古今纪要逸编》：鞑靼与女真同种，皆靺鞨之后，其居混同江者曰女真，居阴山北者曰鞑靼。鞑靼之近汉者曰熟鞑靼，远汉者曰生鞑靼。鞑靼有二，曰黑，曰白，皆事女真。黑鞑靼至忒没真叛之，自称成吉思皇帝。又有蒙古国，在女真东北，我嘉定四年，鞑靼始并其名号，称大蒙古国。

《蒙鞑备录》：鞑靼始起，地处契丹之西北，族出于沙陀别种，故历代无闻。其种有三：曰黑，曰白，曰生。案生熟自以其距汉远近言之，不得与黑白并列为种别，此说盖误。所谓白鞑靼者，颜貌稍细；所谓生鞑靼者，甚贫且拙且无能为，但知乘马随众而已。今成吉思皇帝及将相大臣皆黑鞑靼也。

黄震谓鞑靼与女真同种，孟珙谓其地处契丹西北，均与《五代史》相合，至谓其族出于沙陀别种，则因二族居地相近，血统混淆而然。鞑靼所以有黑白之别，或即由此。惟蒙兀室韦，《唐书》谓在室建河南，成吉思之兴，亦在斡难河畔，今鄂诺河。与阴山相距甚远，而彭大雅谓黑鞑国号大蒙古。黄震又谓鞑靼之外，别有蒙古，鞑靼并其名以自号，为可疑耳。案《蒙鞑备录》又云：鞑人在本国时，金虏大定间，燕京及契丹地有谣言云：鞑靼去，赶得官家没处去。虏酋雍宛转闻之，惊曰：必是鞑人为我国患，乃下令，极于穷荒，出兵剿之，每三岁遣兵向北剿杀，谓之灭丁。迄今中原尽能记之。鞑人逃遁沙漠，怨入骨髓，至伪章宗明昌年间，不令杀戮，以是鞑人稍稍还本国，添丁兵育。

因童谣而出兵剿杀，语涉不经，然世宗初年，北边曾有移剌窝斡之乱，牵动其众，仍岁兴师，说非无据。鞑靼之北走而与蒙古合，盖盛于此时，此漠北部族之所以骤强也。而其前此之非绝无交往，抑可推已。抑蒙古种族之与鞑靼相混合，尚有一证。据拉施特《蒙古全史》云：《元史译文证补》卷一。相传古时蒙兀与他族战，全军覆没，仅遗男女各二人，遁入一小山，斗绝险峨，惟一径通出入，而此中壤地宽平，水草茂美，乃携牲畜辎重往居，名其山曰阿儿格乃衮。二男一名脑古，一名乞颜。乞颜义为奔瀑急流，以其膂力迈众，一往无前，故以称名。乞颜后裔繁盛，称之曰乞要特。乞颜变音为乞要，曰特者，统类之词也。后世地狭人稠，乃谋出山，而旧径芜塞，且苦艰险，继得铁矿，洞穴深邃。爰伐木炽炭，篝火穴中，宰七十牛，剖革为筒，鼓风助火，铁石尽镕，衢路遂辟，后裔于元旦锻铁于炉，君与宗亲次第捶之，著为典礼。此段事实之怪诞，无待于言，然拉施特身仕宗藩之朝，亲见捶铁典礼，断不能指为虚诬。且乞要特即《元史》之奇渥温，有元帝室得氏之由，实由于此，尤不能目为无据。惟其说与《北史》所述突厥起源极为相类，洪侍郎因疑蒙人拾突厥唾余，以自叙先德。然拉施特修史时，尽出先时卷牍，此资考核，后命蒙古大臣谙掌故者襄事，何等郑重，焉得作此谓他人父之语？且突厥之在当日，亦败亡奔北之余耳，引为同族，岂足为荣。反复思之，然后知蒙古部落，实为鞑靼与室韦之混种，而鞑靼则为靺鞨与沙陀、突厥之混种。拉施特《蒙古全史》所载，盖沙陀、突厥相传之神话也。

〔五四〕元室之先世

　　元室先世，或疑出自吐蕃。《蒙古源流考》云土伯特智固木赞博汗为奸臣隆纳木所弑，其三子皆出亡。第三子布尔特斋诺渡腾吉思海东行，至拜噶所属之布尔干哈勒图纳山下必塔地方，人众尊为君长，是也。《源流考》之作意在阐扬喇嘛教，援蒙古以入吐蕃，殊不足信。《秘史》但云自天而生之孛儿贴赤那，与其妻豁阿马兰勒同渡腾吉思水，东至斡难沐涟之源不儿罕合勒敦山而已。孛儿贴赤那即布尔纳斋诺，译言苍狼。阿马兰勒译言惨白牝鹿也。腾吉思水不可考。不儿罕哈勒敦山，即今车臣土谢图两部之布尔罕哈勒那都岭也。

　　孛儿贴赤那之子曰巴塔赤罕，巴塔赤罕生塔马察，塔马察生豁生豁里察儿篾儿干，豁里察儿篾儿干生阿兀站孛罗温，阿兀站孛罗温生撒里合察兀，撒里合察兀生也客你敦，也客你敦生挦锁赤，挦锁赤生合儿出，合儿出生孛而只吉歹篾儿干，孛而只吉歹篾儿干妻曰忙豁勒真豁阿。忙豁勒真犹言蒙古部人，豁阿，女子美称。盖孛儿帖赤那之后，至是娶蒙古部女，遂以蒙古为部名。犹金始祖函普娶完颜部女而以完颜为部名也。孛儿只吉歹篾儿干之子曰脱罗豁勒真伯颜，生二子，长曰都蛙锁豁儿，次曰朵奔篾儿干，朵奔篾儿干娶豁里秃马敦部人豁里剌儿台篾儿干之女，拉施特云秃马敦为巴儿忽真

之一种，居巴儿忽真脱古木之地，在拜喀勒湖东。《秘史》云：豁里剌儿台蔑儿
干居阿里黑兀孙，即今伊尔库斯克省之伊尔库河，地在拜喀勒湖西，此族后以
豁里剌儿为氏，即《元史》之火鲁剌思也。曰阿阑豁阿。《元史·本纪》、《世
系表》作阿阑果火，《蒙古源流考》作阿抢郭斡。生二子，曰别勒古讷台，曰
不古讷台。既寡又生三子，曰不忽合塔吉，曰不合秃撒勒只，曰孛端
察儿蒙合黑。初朵奔蔑儿干猎于脱豁察黑温都儿，温都儿译言高山。
遇兀良哈人，即鹿林中乞其余，已而遇马阿里黑伯牙兀歹，马阿里黑
其名，伯牙兀歹其氏，即《元史》之伯岳吾，《辍耕录》作伯要歹。《源流》：玛哈
赉携子而行，饥困请以子易肉，与一股肉，而携其子归以为奴。别勒
古讷台、不古讷台疑其母私于奴，母知之，春日烹伏腊之羊，召五子
赐食曰：夜见白黄色人穿穹庐顶孔入，摩挲我腹，光明透腹中，其去
也以昧爽，我窃窥之如黄犬然，遂生此三子，后日必有贵者。不忽合
塔吉之后为合答斤氏；不合秃撒勒只之后为撒勒只兀惕氏；孛端察
儿蒙合黑之后为孛儿只斤氏。孛儿只斤译言灰色目睛，以与神人同
也。此三族蒙兀人称之曰尼伦，义谓絜清；别派为多儿勒斤，犹言常
人也。孛端察儿子曰合必赤把阿秃儿，合必赤把阿秃儿子曰蔑年土
敦，蔑年土敦七子，而长子合赤曲鲁克为成吉思汗七世祖，幼子纳臣
把阿秃儿生兀鲁兀歹及忙忽台，兀鲁兀歹之后为兀鲁兀惕氏，忙忽
台之后为忙乎惕氏，成吉思汗戡定漠北，得此二族之力为多。合赤
曲鲁克子曰海都，则成吉思汗六世祖也。以上皆据《秘史》。孛端察儿
《元史·本纪》作孛端叉完，孛儿只斤《源流考》作博尔济锦，蔑年土敦《元史》本
纪作咩撚笃敦云。妻莫拿伦生七子，为押剌伊而人所败，灭其家，惟长孙海都
及幼子纳真得免。《宗室世系表》蔑年土敦作咩麻笃敦，七子长曰既挐笃儿罕，
七曰纳真，二至六皆失名。既挐笃儿罕子曰海都。拉施特《史》押剌伊儿作札
剌亦儿，载其被难之事迹略同，惟谓孛端察儿二子，长曰布格，次曰布克台，布
格子曰土敦迈宁，布克台子曰纳臣，土敦迈宁生九子，其妻莫奴伦，居诺赛儿吉
及黑山之地，而遭扎拉亦儿之难。莫拿伦及其八子皆被害，惟幼子海都被匿得

免。《源流考》合必赤把阿秃儿作哈必斋已图尔，其子曰伯特尔巴图尔。案土
敦迈宁似即蔑年土敦之倒误，伯格尔似即布格，下三字，乃其称号也。

海都三子，长曰伯升忽儿多黑申，《元史》本纪拜姓忽儿，《世系表》、
《辍耕录》同，而姓伪为住，拉施特《史》拜桑古儿，《源流考》作拜星呼尔多克斯，
以为哈斋库鲁克子。次曰察剌合领忽，《辍耕录》及《宗室世系表》均作察剌
罕宁儿，案儿字当是昆字形近之误，拉施特《史》作扯勒黑领昆。次曰抄真斡
儿帖该。《宗室世系表》作獠忽真兀秃迭葛。伯升忽儿多黑申为成吉思
汗五世祖，察剌合为辽令稳，故称领忽，领忽者，令稳音转也。其子
曰想昆必勒格，想昆亦详稳对音。《宗室世系表》察剌罕宁儿之子为直挈
斯，拉施特《史》作莎儿郭图赤那。按赤那即直挈斯。李文田云必勒格即贝勒
对音。盖莎儿郭图鲁赤那其名，想昆必勒格，皆其称号也。想昆必勒格子曰
俺巴孩，其后以泰亦赤兀为氏。《元史》作咸补海罕，拉施特书作俺巴该。
伯申嚣儿多黑申之子曰屯必乃薛禅，薛禅，蒙古语聪明之称也。《元
史·本纪》、《世系表》均作敦必乃，拉施特《史》作托迈乃。是为成吉思汗四
世祖，屯必乃子曰合不勒可汗。《元史》、《辍耕录》均作葛不寒。合不勒
可汗子曰把儿坛把阿秃儿。《元史》、《辍耕录》作八里丹，《源流考》作巴尔
达木巴图尔。把儿坛把阿秃儿子曰也速该把阿秃儿，《源流考》作伊苏凯
巴图尔。是生成吉思汗。

〔五五〕元兴以前北方诸部族

　　自回纥之亡，北方无大部族，今略叙成吉思汗兴起以前形势如下。

　　一、翁吉刺部，亦作弘吉刺，《元史》及《亲征录》。又作鸿吉刺。《源流考》。蒙古甥舅之国也。据《秘史》，此族与主因塔塔儿战，地在捕鱼儿、阔涟两海子间，则其居地当在今呼伦贝尔附近。《元史·特薛禅传》谓弘吉刺氏居于苦烈，儿温都儿斤、迭烈捕儿、也里古纳河之地。案今根河出伊勒呼里山，西流百余里，径苦烈业尔山之南，其北有特勒布尔河，略与平行。苦烈业尔即苦烈儿之异译。温都儿，蒙古语为高山也。特勒布尔即迭烈不二儿，也里古纳乃额尔古讷河之音差也。

　　二、塔塔儿部，即鞑靼之异译，此族与蒙古世为仇雠，其分部颇多。据《秘史》所载有主因塔塔儿，阿亦里兀惕塔塔儿，备鲁兀惕塔塔儿等。主因即朱邪之异译，可证其为沙陀、突厥与鞑靼之混种，其居地当在捕鱼儿海附近。

　　三、蔑儿乞部，此种人居斡儿垣、薛凉格二水流域。斡儿垣，今鄂尔坤河。薛凉格，今色楞格河也。其分部之名，见于《秘史》者，有兀都亦惕、兀洼思、合阿惕等。

　　四、兀良孩部，《明史》作兀良哈，即今乌梁海。西人谓其容貌近土耳其人，当系突厥种。据《秘史》当时游牧之地，亦在不儿罕山。

五、客列部，亦作克烈，《元史·本纪》及《亲征录》。怯烈，《元史》列传。又作克里叶特，《源流考》。始居欠欠州，亦曰谦河，在唐弩乌梁海境内，详见《元史译文证补》卷二十六下。其部长曰默儿忽斯，生二子，长曰忽而察忽思，是为不亦鲁黑汗。《亲征录》作忽儿札胡思杯禄可汗。次古儿罕。《亲征录》作菊儿可汗。不亦鲁黑卒，子脱邻斡勒，此从《秘史》，拉施特作脱忽鲁儿。性猜忌，杀其诸弟台帖木儿、太石不花帖木儿等，又欲杀母弟额儿客哈喇，《亲征录》作也力可哈剌。额儿客哈喇奔乃蛮，古儿罕攻之，脱邻斡勒奔也速该，也速该速为起兵，逐古儿罕，始建牙于土兀喇沐涟上，土兀喇沐涟，今土拉河也。客列或云即康里转音，则亦属突厥族。

六、汪古部，即《辽史》之乌古也。其部名见于《辽史·百官志》者，有乌古涅剌、斡特盥乌古、隈乌古、三河乌古等，又有乌隈乌骨、里乌渖等部，疑亦乌古之转音，此亦白鞑靼，为金守长城。《元史译文证补》卷一。地在今归绥县北，《马祖常月乃合神道碑》云：雍古部族居净州之天山，净州故城在今归绥县北四子部落内，祁连山即天山也。

七、乃蛮部，亦作乃满，又作乃马，据《元史·地理志》，本居吉利吉思，唐黠嘎斯之地。其部长曰亦难察可汗，《亲征录》作亦难赤。生二子，长曰太赤不合，拉施特作太亦布哈。是为塔阳可汗。《元史》、《亲征录》作太阳汗。次曰古出古敦，是为不亦鲁黑汗。《元史》作不鲁欲罕，《亲征录》作杯禄可汗。兄弟交恶，分国而治，塔阳居金山之阳，忽里牙速兀、今乌里雅苏台河。札八儿今臣盆河。二水间，南近沙漠，不亦鲁黑居兀鲁黑塔黑之地，北近金山。

八、斡亦剌部，此种人均居今西伯利亚南境，其种名见于《秘史》者，有不里牙惕、巴儿浑、兀儿速惕、合卜合纳思、康合思、秃巴昔等,不里牙惕在萨拜喀勒省之巴尔古精河上,阿穆尔省之牛满河上亦有之,牛满河一名布里雅特河,即不里牙惕之异译也。兀儿速惕在谦河之北,《西北地附录》称为乌斯,谓以水为名,盖即乌苏里之异译。合卜合纳思《西北地附录》作撼合纳云,在乌斯东,谦河所从出,则在今多特淖尔附近。康合思地在今杭爱山之北,秃巴思在今俄领托波儿斯克省境。此种人种类盖甚多,故《秘史》统称之曰秃绵斡亦剌,秃绵亦作土绵,译言万也。

九、乞儿吉速部,亦作吉利吉思,即唐时之黠戛斯也。当时居地在也儿的石河流域,即今额尔齐斯河。

十、失必儿部,鲜卑之异译,盖西伯利本鲜卑之故土也。据多桑地图在乞儿吉思正北,则在今鄂毕河流域。

以上乃当时漠南北诸部分布之大略情形也,自此以西南,即皆回纥种人之地矣。

〔五六〕蒙古之渐强

蒙古之初,盖服属于辽,故察剌合必勒格再世受辽令稳、详稳之职,及哈不勒始有汗号,统辖蒙兀全部,威望甚盛。金主闻其名,召至礼遇甚优,一日酒醉,鼓掌欢跃,持金主须,金主释不问,厚赠遣归。大臣谓纵此人,将为边患,遣使邀以返,哈不勒不从,词意强横。金主再使往,哈不勒谋于妇及部众杀之。万户胡沙虎来讨,粮尽而还,追败之海岭,时宋高宗绍兴七年,金天会十五年也。见《续纲目》。哈不勒可汗疾,亟念诸子无足付大事者,令部众议立俺巴孩,时翁吉剌氏与主因塔塔儿构衅,哈不勒七子助母族与战,杀其酋木秃儿把阿秃儿,已而俺巴孩嫁女于阿亦里纳惕、备鲁兀惕两种,塔塔儿身送之,主因塔塔儿乘机抱怨,执送金,金以木驴杀之。命从者巴剌合赤拉施特作布勒格赤。归告忽图剌及合答安太石。俺巴孩子,《亲征录》作阿丹汗,拉施特《蒙古全史》作哈丹大石。于是诸部族会议,共立忽都剌为汗。哈不勒可汗第四子。入金界,败其兵,大掠而归。都元帅兀术来讨,连岁不能克,乃议和,割西平河今胪朐河。以北二十七团寨与之,岁遗牛羊米豆,时宋绍兴十七年,金熙宗皇统七年也。《续纲目》据《大金国志》又云:册其长熬罗孛极烈为蒙辅国王,不受,自号大蒙古国。熬罗孛极烈自称太祖元明皇帝,改元天兴。孟琪《蒙鞑备录》引李大谅《征蒙记》亦云:蒙人尝改元天兴,自称太祖元明皇帝,孟氏疑之,谓蒙古先时不识汉字,无符玺文书，改元建号将安用之。然《蒙鞑备录》亦云：鞑国所邻前有纥族，左右乃沙陀等部，旧有蒙古斯国，在金人伪天会间，亦尝扰金，虏为患，金人尝与之战，后乃多与金币和之。据此则当时北方，确有所谓蒙古国者，虽其先无文书建号，改元似无所用，然亦即抗衡上国，崛沙寒之北，则安知不有降人教以妄窃帝号，以自尊大，且太祖乃庙号，生时岂可自称？则亦适成其为蒙人之称帝而已。至敖罗孛极烈自称，自与忽都剌音异，然蒙人称名多系官号。今按《金史·百官志》官兵皆称勃极烈。又云忽鲁犹总帅也。又云部长曰孛董，统数部者曰忽鲁，则敖罗孛极烈当即忽鲁勃极烈之异译，义谓数部之总贝勒耳。**忽都剌可汗与合答安太石谋复主因塔塔儿之仇，与其部长阔端巴剌合及札里不花前后十三战，竟不能克，惟乙亥岁一役，也速该战败之，获其酋帖木真兀格**《亲征录》作帖木真干怯。**豁里不花。**《亲征录》作忽鲁不花，拉施特《蒙古全史》作库里不花。**而成吉思汗适生，因名之曰帖木真，志武功也。**据《年寿考》成吉思汗生于宋高宗绍兴二十五年，《源流考》谓生于壬申即绍兴三十三年，与《元史·本纪》合。

　　忽都剌可汗卒后，蒙兀无共主，复衰。案忽都剌长子拙赤，《亲征录》作术赤可汗，拉施特《蒙古全史》亦作拙赤罕，似亦曾蒙汗号者。然观忽都剌卒后，全族离遏情形，则纵袭汗位，亦必并无威力。**而也速该又适于是时卒，于是成吉思少年困厄之运至矣。**

〔五七〕成吉思平定漠南北

　　成吉思十三岁时,父挈之省舅家为乞昏,途遇翁吉剌惕德薛禅,奇其状貌,要与俱归,字以女孛儿帖。《元史·后妃表》作孛儿台,《源流考》作布尔德。也速该独返,为主因塔塔儿人所毒,驰归遂卒。时宋乾道三年也。也速该生时,尝统辖尼伦全部,同族隐忌之,故其卒后,事变即生。而泰亦赤乌氏与成吉思骑龁尤甚,也速该部族亦多叛去,成吉思尝为泰亦赤兀所执,命荷校徇军中。成吉思伺其会饮,以校击守者而遁,泰亦赤兀来追,沉身水道中,又匿毳车中,乃得免,初克烈部长脱邻干勒常蒙也速该救援,故相结为安答。蒙古语交物之友。成吉思既娶孛儿帖,乃以其黑貂之裘献之,脱邻干勒喜,许缓急相助,自是始有外援矣。初忽图剌可汗末年,也速该飞猎干难沐涟上,遇兀都亦惕蔑儿乞也客赤列都,《源流考》作伊克齐垿图,云是塔塔儿人,误。娶妇归纂之,即成吉思母诃额仑也。《元史》、《亲征录》作身伦,《源流考》作乌格楞哈屯,拉施特《蒙古全史》作谔伦云,义为云干勒忽讷惕翁吉剌氏。及是也客赤列都兄脱黑脱阿《亲征录》作脱脱。为弟复仇,与兀佳思蔑儿乞答亦儿兀孙及合阿惕蔑儿乞合阿台答儿马剌来袭,得孛儿帖去,成吉思乞师于脱邻干勒及札答剌部长札木哈,孛端察儿尝虏一孕妇,所生前夫之子,曰札只剌歹,其后为札答剌氏。袭其庭,复得孛儿帖,始与札木哈同牧年余,窥札木哈有厌薄意,弃之他徙,诸部族弃札木哈，从之者颇多，共推为汗。是年称汗，见《源流考》。驻牧合剌只鲁格小山名，今车臣汗右翼前旗哈剌莽鼐山支阜。之阔阔纳浯儿，译言青海子。时宋淳熙十六年也。札木合约泰亦赤兀等十三部来袭，汗亦分军为十三翼，迎之战于答阑巴泐渚纳，史称答阑版朱思之野，今黑龙江呼伦淖尔西南巴泐渚纳乌苏鄂模，东北出为班朱尼水注呼伦淖尔。败绩退至斡难河北哲烈捏之隘。今呼伦贝尔西北界上第五十三鄂博则林图。札木合乃还，行经赤那思牧地，获诸部长之附帖木真者，为七十镬烹之，众益恶其残暴，归心于汗者愈多，时主因塔塔儿薨古真薛兀勒图《元史》《亲征记》作薨里真笑里徒，拉施特《蒙古全史》作摩勒苏里徒。叛金，金丞相完颜襄出讨，汗与脱邻干勒助金攻杀之，襄喜援汗札兀忽里，封脱邻干勒为王，札兀惕蒙语谓百，忽里者忽鲁转音，犹云百夫长者。《金史·百官志》部长曰孛堇，统数部者曰忽鲁。《亲征记》原注若金招讨使，据《秘史》王京又对太祖说，我回去金国皇帝行奏知，再大的名分招讨使，教你做者，则札兀忽里非即招讨使。脱邻干勒自此亦称王罕。

王罕之攻塔塔儿也，乃蛮亦难察汗乘之，纳其弟额儿客合剌，王罕还战不胜，奔西辽。其弟札哈敢不及，其余众多来归，久之王罕东归，至古泄兀儿纳兀儿，今库苏古尔。饥困，使人与汗相闻，汗使勇士速克该往援，躬迓之于客鲁涟，命其众还事之，已而伐兀都亦惕薨儿乞大获，以馈王罕，王罕由是复振，袭薨儿乞破之，脱黑脱阿奔巴儿忽真，今地属俄，仍名巴儿忽真。汗遂与王罕伐乃蛮，袭不亦鲁黑罕，不亦鲁黑罕奔欠欠州，翁吉剌诸部会于刊沐涟州，今根河。立札木合为古儿罕，潜师来袭，汗逆击破之，札木合遁，翁吉剌惕来降，已而不亦鲁黑汗及脱黑脱阿之子忽秃，拉施特《蒙古全史》作忽图。泰亦赤兀阿兀出把阿秃儿，《亲征录》作阿忽出拔都。干亦剌惕、即卫拉特，见后。朵儿别、都蛙锁豁儿四子之后，《元史》及《亲征录》作朵鲁班。塔塔儿合答斤，朵奔蔑儿干子不忽合塔吉之后，《元史》《亲征录》、拉施特《蒙古全史》皆作哈塔斤，《源流考》作哈塔锦。诸部连师来伐，汗与王罕连兵逆之，会大雨雪，敌军引退，至阔亦田之野，今呼伦贝尔南奎腾河。士马僵冻，纷坠山涧，不复成列，札木哈率众来应，见事败即退，诸部皆奔溃，汗自追阿兀出把阿秃儿杀之，泰亦赤乌亡，已而王罕子你勒合桑昆，《录》亦刺合鲜昆，《纪》亦猎喝翔昆。与汗有隙来袭，时汗军士马不足三千，王罕众数倍，兀鲁兀忙忽二族力战，矢中鲜昆面，王罕乃敛兵罢，然王罕军势仍盛，乃连夜退军，于是徙牧巴泐渚纳，俄界内斡难河北巴儿潴纳泊。出不意袭王罕，尽俘其民，王罕父子以数骑走，至乃蛮界上，王罕为其戍将豁里速别赤所杀，函首塔阳罕；鲜昆辗转至曲先，《源流考》作龟兹。为喀刺赤焉耆番名哈刺沙尔。部主黑邻赤哈刺所杀，见《亲征录》。客列部亡，地西接乃蛮矣。

乃蛮塔阳罕使告汪古部长阿刺忽失的吉惕忽里《亲征录》王孤部长阿刺兀思的乞火力，《元史·本纪》白达达部主阿刺忽里，《本传》作阿刺兀思剔吉忽里。共伐蒙古，汪古部长以告，岁甲子，宋宁宗嘉泰四年。汗自将伐之，太阳罕迎敌，置营康孩山合池儿水上，杭爱山中哈随河。脱黑脱阿札合敢不王罕弟。及泰亦赤兀酋阿邻大石干亦刺惕酋忽都合别乞札木合等咸从，塔阳以蒙兀马瘦，议退军，诱蒙兀深入，然后还击，其子古出鲁克及其将豁里速别消其怯，塔阳怒，疾驱渡干儿洹水，战于纳忽山东麓，乃蛮败绩，豁里速别赤死之，俘塔阳罕。古出鲁克脱黑脱阿、札木合先后奔不亦鲁黑，追之，驻军金山，明年袭不亦鲁黑，擒杀之，乃蛮亡。古出鲁克脱黑脱阿西走，追及之额儿的失，即也儿的石。脱黑脱阿中流矢死，古出鲁克奔西辽，札不哈转徙入倘鲁山，唐努山。左右执以献杀之，漠南北尽平，岁丙寅，宋宁宗开禧二年。诸部大会于斡难沐涟之源，上尊号曰成吉思汗。

〔五八〕蒙古传说本于回纥

　　唐人取福山石坏回纥风水,因之灾异迭起,迁于西州,说出虞集《高昌王碑》,而《元史·亦都护传》因之。于国家兴替之故,一无所记,而造为此怪迂之说,亦可笑矣。然蒙古人之传说,有与之相类者。《辍耕录》万岁山条云:"浙省参政赤德尔尝云:向任留守司都事时,闻故老言:国家起朔漠日,塞上有一山,形势雄伟,金人望气者谓此山有王气,非我之利,金人谋欲厌胜之,计无所出。时国已多事,乃求通好入贡,既而曰:他无所冀,愿得某山以镇压我土耳。众皆鄙笑而许之。金人乃大发卒凿掘,輂运至幽州城北,积累成山,因开挑海子,栽植花木,营构宫殿,以为游幸之所。未几,金亡,世皇徙都之。至元四年,兴筑宫城,山适在禁中,遂赐今名云。"此说与《畏吾传》说极相类,非畏吾人造作以媚元人,则元人习于畏吾者造作之以自张,更无足疑也。又《受佛戒》条云:"累朝皇帝先受佛戒九次,方正大宝,而近侍陪位者必九人或七人,译语谓之暖答世,此国俗然也。今上之初入戒坛时,见马哈剌佛前有物为供,因问学士沙剌班,曰:此何物? 曰:羊心。上曰:曾闻用人心肝者,有诸。曰:尝闻之而未尝目睹,请问剌马。剌马者,帝师也。上遂命沙剌班传旨问之,答曰:有之,凡人萌歹心害人者,事觉,则以其心肝作供耳。上再命问曰:此羊曾害人乎? 帝师无答。"

〔五九〕元人初兴时程度

《辍耕录》皇族列拜条曰："己丑秋八月,太宗即皇帝位,耶律文正王时为中书令,定册立仪礼,皇族尊长,皆令就班列拜,尊长之有拜礼,盖自此始。"记曰:族人不敢以其戚戚君,尊君也。盖亦非一日之致矣。又朝仪条曰:"至元初,尚未遑兴建宫阙,凡遇称贺,臣庶皆集帐前,无尊卑贵贱之辨。执法官厌其喧杂,挥杖出逐之,去而复来者数次。翰林承旨王文忠公磐,时兼太常卿,虑将诒笑外国,奏请立朝仪,遂如其言。"元代制作皆起世祖,终不免沐猴而冠,此时则并未知冠,直是沐猴而已矣。又贞烈条言:"宋之亡,安定夫人陈氏、安康夫人朱氏,与二小姬沐浴整衣,焚香自缢死。"明日奉闻,世祖命断其首,悬全后寓所,在己欲其瞀人,则在人不能禁其瞀己,此理之甚易明者也,而犹不能知,亦沐猴而冠之一端也。

〔六〇〕度斤、郁督军、都尉鞬、乌德鞬

突利南徙度斤旧镇。胡三省云："即都斤山，旧沙钵略所居。"案《新唐书·突厥传》曰："可汗建廷都斤山。"薛延陀传曰："树牙郁督军山，直京师西北六千里。颉利灭，率其部稍东，保都尉鞬山独逻水之阴，远京师才三千里而赢。"回纥传曰："南居突厥故地，徙牙乌德鞬山、昆河之间。"独逻水，今土拉河。昆河，今鄂尔坤河。都尉鞬山与乌德鞬山，地当相近。乌德鞬为突厥故地，疑与都斤是一。惟郁督军山颇远。然《延陀传》又谓"西突厥处罗可汗之杀铁勒诸酋也，推契苾哥楞为易勿真莫贺可汗，据贪汗山，奉薛延陀乙室钵为野咥可汗。保燕末山。而突厥射匮可汗复强，二部黜可汗号，往臣之。回纥、拔野古、阿跌、同罗、仆骨、白霫在郁督军山者，东附始毕可汗。乙室钵在金山者，西役叶护可汗。"以郁督军山与金山对举，则距土拉、鄂尔坤二河，亦不能甚远。窃疑都斤、都尉鞬、乌德鞬、郁督军均系一音异译，皆即今之杭爱山；而《新唐书》"直京师西北六千里"之语有讹也。

〔六一〕九　姓

　　突厥、回纥皆有所谓九姓者,然名同而实不同。《旧唐书·李勣传》:白道之战,突厥败,屯营于碛口,遣使请和。诏鸿胪卿唐俭往赦之。勣与李靖军会,相与议曰:"颉利虽败,人众尚多,若走渡碛,保于九姓,道遥阻深,追则难及;今诏使唐俭至彼,其必弛备;我等随后袭之,此不战而平贼矣。"《狄仁杰传》:仁杰于神功元年入相,上疏论西戍四镇东戍安东之弊云:"近贞观年中,克平九姓,册李思摩为可汗,使统诸部者,盖以夷狄叛则伐之,降则抚之,得推亡固存之义,无远戍劳人之役。"《铁勒传》言:延陀之败,"西遁之众,共推夷男兄子咄摩支为可汗,西归故地,乃去可汗之号,遣使奉表,请居郁督军山北。诏兵部尚书崔敦礼就加绥抚。而诸部铁勒素服薛延陀之众,及咄摩支至,九姓渠帅莫不危惧;朝议恐为碛北之患,复令李勣进加讨击。勣率九姓铁勒二万骑至于天山。咄摩支见官军奄至,惶骇不知所为。且闻诏使萧嗣业在回纥中,因而请降。"《突厥传》:"伏念既破,骨咄禄鸠集亡散,入总材山聚为群盗,有众五千余人。又抄掠九姓,得羊马甚多,渐至强盛。"此北突厥之九姓也。其名无可考。《传》又言:开元三年:"默啜与九姓首领阿布思等战于碛北,九姓大溃,人畜多死,阿布思率众来降。四年,默啜又北讨九姓拔曳固,战于独乐河,拔曳固大败。默啜负胜轻归而不设备,遇拔曳固迸卒颉质略于柳林中，突出击默啜，斩之。"《新唐书》略同，惟无阿布思之名，而云思结等部来降，则阿布思似系思结酋长。《旧唐书·张说传》：开元八年，"朔方大使王晙诛河曲降虏阿布思等千余人。时并州大同、横野等军有九姓同罗、拔曳固等部落，皆怀震惧。说率轻骑二十人，持旌节直诣其部落，宿于帐下，召酋帅慰抚之。九姓感义，其心乃安。"似思结、拔曳固、同罗，皆九姓之一。白眉可汗之死，《新唐书·突厥传》云："始突厥国于后魏大统时，至是灭。后或朝贡，皆旧部九姓云。"是阿史那氏虽亡，九姓犹在。突厥缘起，《周书》云："突厥者，盖匈奴之别种，姓阿史那氏。别为部落，后为邻国所破，尽灭其族。有一儿，年且十岁；兵人见其小，不忍杀之，乃刖其足，弃草泽中。有牝狼以肉饲之，及长，与狼合，遂有孕焉。彼王闻此儿尚在，重遣杀之。使者见狼在侧，并欲杀狼。狼遂逃于高昌国之北山。山有洞穴，穴内有平壤茂草，周回数百里，四面俱山，狼匿其中，遂生十男。十男长大，外托妻孕，其后各有一姓，阿史那即一也。或云突厥之先出于索国，在匈奴之北。其部落大人曰阿谤步，兄弟十七人。其一曰伊质泥师都，狼所生也。谤步等性并愚痴，国遂被灭。泥师都既别感异气，能征召风雨，娶二妻，云是夏神、冬神之女也。一孕而生四男，其一变为白鸿；其一国于阿辅水、剑水之间，号为契骨；其一国于处折水；其一居践斯处折施山，即其大儿也。山上仍有阿谤步种类，并多寒露，大儿为出火温养之，咸得全济，遂共奉大儿为主，号为突厥，即讷都六设也。讷都六有十妻，所生子皆以母族为姓。阿史那是其小妻之子也。讷都六死，十母子内欲择立一人，乃相率于大树下，共为约曰：向树跳跃，能最高者，即推立之。阿史那子年幼而跳最高者，诸子遂奉以为主，号阿贤设。"《突厥传》。二说不同，而同以阿史那为十姓之一，窃疑所谓九姓者，乃彼所以为阿史那九昆之后者也。西突厥，《旧唐书》本传云："其人杂有都陆及弩失毕、歌逻禄、处月、处密、伊吾等诸种,风俗大抵与突厥同,惟言语微差。"
都陆亦作咄陆,又作咄六。咥利失之立也,"其国分为十部,每部令
一人统之,号为十设;每设赐以一箭,故称十箭焉。又分十箭为左右
厢,一厢各置五箭。其左厢号五咄六部落,置五大啜,一啜管一箭;
其右厢号五弩失毕,置五大俟斤,一俟斤管一箭,都号为十箭。"盖此
十部,直隶可汗,余皆西迁。后杂处者虽同,曰相杂,仍有亲疏之差。
《传》又云:"室点密统领十大首领,有兵十万众,往平西域诸胡国,自
为可汗,号十姓部落。"此所率之俱往者。咄六、弩失毕,殆即其所率
之俱往者欤? 沙钵罗可汗时,"统摄咄陆、弩失毕十姓。其咄陆有五
啜:一曰处木昆律啜,二曰胡禄居阙啜,三曰摄舍提暾啜,四曰突骑
施贺罗施啜,五曰鼠尼施处半啜。弩失毕有五俟斤:一曰阿悉结阙
俟斤,二曰哥舒阙俟斤,三曰拔塞干暾沙钵俟斤,四曰阿悉结泥孰俟
斤,五曰哥舒处半俟斤。"同上。盖即此十部落之姓也。此十部虽较
歌逻禄、处月、处密、伊吾等为亲,而其非突厥种姓则一。故武后时
陈子昂上疏言:"国家能制十姓者,由九姓强大臣服中国也。"《新唐
书》本传。其后西突厥终于不振者,乃由突骑施葛逻禄之强,实即本
与杂居诸族代之而兴耳。然则西突厥之九姓,殆与东突厥无异也。
此突厥之九姓也。若夫回纥,则《旧唐书》本传云:"有十一都督,本
九姓部落,一曰药罗葛,即可汗之姓,二曰胡咄葛,三曰咄罗勿,四曰
貊歌息讫,五曰阿勿嘀,此字疑有误。六曰葛萨,七曰斛嗢素,八曰药
勿葛,九曰奚耶勿。每一部落一都督。破拔悉密,收一部落;破葛逻
禄,收一部落;各置都督一人,统号十一部落。每行止斗战,常以二
客部落为军锋。"《新唐书》九姓之名同,又云:"药罗葛,回纥姓也,与
仆骨、浑、拔野古、同罗、思结、契苾六种相等夷,不列于数。"拔野古、
同罗、思结,既皆可拟为突厥九姓之一,而仆骨、浑、契苾,回纥与之
相等夷,则九姓已得其七。薛与延陀本异部,更以益之,岂即突厥之

始所谓九姓者欤？书阙有间，难以质言矣。药罗葛虽于九姓独尊，然亦不相殊绝。太和公主之下降也，《旧唐书》谓"九姓相分负其舆，随日右转于庭者九"。九姓相，盖即九姓都督。又云："上元元年九月己丑，回纥九姓可汗使大臣俱陆莫达干等入朝奉表起居。"九姓可汗之名，盖据其所自称也。《新唐书·回纥传》言："德宗立，使中人告丧，且修好。时九姓胡劝可汗入寇，可汗欲悉师向塞，见使者不为礼。宰相顿莫贺达干谏，不听。顿莫贺怒，因击杀之，并屠其支党及九姓胡几二千人，即自立为合骨咄禄毗伽可汗，使长建达干从使者入朝。建中元年，诏京兆少尹源休持节册顿莫贺为武义成功可汗。始回纥至中国，常参以九姓胡，往往留京师，至千人，居赀殖产甚厚。会酋长突董、翳蜜施、大小梅录等还国，装橐系道，留振武三月，供拟珍丰，费不赀。军使张光晟阴伺之，皆盛女子以橐。光晟使驿吏刺以长锥，然后知之。已而闻顿莫贺新立，多杀九姓胡人，惧不敢归，往往亡去，突董察视严呕。群胡献计于光晟，请悉斩回纥，光晟许之，即上言回纥非素强，助之者九胡尔，今其国乱，兵方相加，而虏利则往，财则合，无财与利，一乱不振。不以此时乘之，复归人与币，是所谓借贼兵，资盗粮也。乃使裨校阳不礼，突董果怒，鞭之。光晟因勒兵尽杀回纥群胡，收橐它、马数千，缯锦十万。"此文以回纥与九姓对举，似九姓纯为西胡者然。二书列举九姓，药罗葛皆与焉，岂不自相矛盾？盖自默啜之盛，回纥稍引而西，久与群胡相杂，故其九姓中皆杂有胡人，驯致喧宾夺主，而史家遂径称九姓为九姓胡耳，固非谓其本无区别也。然而回纥西迁之后，杂居之群胡盛，而本种转微，则于此可以微窥矣。突厥、回纥皆以得西胡之教道兴，亦以染其嗜利之习，寖陵夷衰微，以至于亡，亦北族之龟鉴也。

〔六二〕回　文

　　《元史译文证补》曰：“回纥称谓，多本突厥。可汗、可敦、特勒之名无论矣。突厥别部将兵者，皆谓之设。默啜可汗立其子弟为左厢察、右厢察。毗伽可汗本蕃号为小杀。而回纥亦有左杀、右杀，分管诸部。曰设，曰察，曰杀，皆译音之异。骨咄禄可汗及叶护之称，达干之名，回纥并同突厥。度其言语，或亦多同。突厥文字，不复可考。回纥文字，至今犹存，所谓托忒字体是也。与西里亚文字相仿。泰西人谓唐时，天主教人自西里亚东来传教，唐人称为景教。陕西之《景教碑》，碑旁字两行，即西里亚字，此其确证。回纥之有文字，实由天主教人授以西里亚文字之故。此一说也。回纥人自元以后，大率入天方教。而天方文字，本于西里亚。故信教之回人谓蒙古文出于回纥，回纥文出于天方，以归功于谟罕默德。此又一说也。各私其教，傅会所由，皆属妄说。窃疑回纥文字，亦本突厥。特无左证，以折异议。”案《北史》谓突厥文字旁行，有类于胡。所谓胡者，西胡，指西域诸国也。丁令族人居西域者甚多，盖遂受其文字，突厥、回纥皆沿而用之耳。《周书·突厥传》云：“其征发兵马，科税杂畜，辄刻木为数，并一金镞箭蜡印封之，以为信契。”盖有文字而不甚用也。观其能于茔屋中图画死者形仪及其生时战阵之状，则其图画已有可观，必不至不知文字。又《北史·蠕蠕传》：“无文记。将帅以羊屎粗记兵数。后颇知刻木为记。”似其文字又受之丁令者。

〔六三〕畜牧宜在长城外

　　《隋书·贺娄子干传》：高祖以陇西频被寇掠，甚患之。彼俗不设村坞，命子干勒民为堡，营田积谷，以备不虞。子干上书曰：陇西河右，土旷民希，边境未宁，不可广为田种，比见屯田之所，获少费多，虚役人功，卒逢践暴，屯田疏远者，请皆废省。但陇右之民，以畜牧为事，若更屯聚，弥不获安，只可严谨斥候，岂容集人聚畜，请要路之所，加以防守，但使镇戍连接，烽堠相望，民虽散居，必谓无虑。高祖从之。案边缘之地，每苦游牧部族之侵略，屯兵守围，费大劳多，发兵攻之，则彼远走高飞，不可得而迹，此历代之所大患也。今若于缘边之地，皆兴畜牧之利，而于其内为之坚城深池，则我之长技与彼同，不徒不患其侵略，且可乘间出击，惩创之矣。彼若大举，我可于坚城之内，更设牧场，驱民入保，是畜牧于长城之外，所以为长城卫，而长城又所以为畜牧之卫也。兼华夷之长技而用之，既不如历代缘边，惨遭杀略，亦不致如匈奴遇汉兵深入，奔走，有孕重堕殰之苦矣，此安边之至计也。屠敬山先生屡游蒙古，常云：制北之策，无逾于秋高时焚其牧草，我无折伤，使彼自毙，刘仁恭所以能制契丹也。我以是施于彼，彼亦可以是施于我，则制敌又当在牧地之外，先发以创之，如彼此相安，则又宜各守疆界，通工易事，渐以化之也。

〔六四〕吐蕃缘起

吐蕃缘起，《新旧唐书》之说不同，《旧唐书》云："其种落莫知所出也，或云南凉秃发利鹿孤之后也。利鹿孤有子曰樊尼，及利鹿孤卒，樊尼尚幼，弟傉檀嗣位，以樊尼为安西将军。后魏神瑞元年，傉檀为西秦乞佛炽盘所灭，樊尼招集余众，以投沮渠蒙逊，蒙逊以为临松太守。及蒙逊灭，樊尼乃率众西奔，济黄河，逾积石，于羌中建国，开地千里。樊尼威惠夙著，为群羌所怀，皆抚以恩信，归之如市。遂改姓为窣勃野，以秃发为国号，语讹谓之吐蕃。其后子孙繁昌，又侵伐不息，土宇渐广。历周及隋，犹隔诸羌，未通于中国。"《新唐书》云："吐蕃本西羌属，盖百有五十种，散处河湟、江岷间；有发羌、唐旄等，然未始与中国通。居析支水西。祖曰鹘提勃悉野，健武多智，稍并诸羌，据其地。蕃、发声近，故其子孙曰吐蕃，而姓勃窣野。或曰南凉秃发利鹿孤之后，二子，曰樊尼，曰傉檀。傉檀嗣，为乞佛炽盘所灭。樊尼挈残部臣沮渠蒙逊，以为临松太守。蒙逊灭，樊尼率兵西济河，逾积石，遂抚有群羌云。"《旧唐书》之窣勃野，窣勃二字，当系误倒。二书所说实同，惟《新唐书》析出于西羌与出于南凉之说为二，谓其姓及部族之名，皆为羌所固有；《旧唐书》则合二说为一，谓姓为樊尼所改，部族之名，为秃发音转耳。衡量二说，自以《新唐书》为是。何者？羌人本以父名母姓为种号，德宗时，吐蕃赞普乞立赞，《新唐书》云"姓户卢提氏",或亦如研种之后更号烧当,非必易姓。若秃发氏则久渐汉化,未必更沿此习,且逋播之余应有也。沦亡之痛,正当眷念宗邦,何故忽焉改姓,一也。五胡之渐染汉化者,虽或失其所据,亦未必遂即于夷,观沮渠、无讳等辗转西域时可知。秃发氏即或不逮,亦何至遂亡其祖,而后奔亡之迹,开拓之功,一无省记,徒令后人为传疑不审之辞乎?二也。河湟小族,通于中国者多矣,开地千里,在彼中已为泱泱大风,何乃不思款塞?况其侵伐不息,则异族之受其侵扰者必多,纵令币贽不通,亦岂传闻无自?三也。然则樊尼建国羌中,其事庸或可有,而其后必已寖微,绝与吐蕃无涉也。《新唐书》下文云:"其后有君长曰疲悉董摩,董摩生佗土度,佗土生揭利失若,揭利生勃弄若,勃弄生讵素若,讵素生论赞索,论赞生弃宗弄赞。"其后之"其"字,当指鹘提勃悉野而言。此说与前第一说,当即采自一书,文本相承,子京次序不审,中间以述吐蕃法俗之语,遂使后人不知董摩究为谁后耳。此则文士之不可以修史也。

　　《旧唐书》云:"其国都城号为逻些城。"《新唐书》云:"其赞普居跋布川,或逻娑川。"逻娑即逻些,其城盖在川侧。《新唐书·地理志》:"逻些在东南,距农歌二百里。又经盐池、暖泉、江布灵河,百一十里渡姜济河,经吐蕃垦田,二百六十里至卒歌驿。乃渡臧河,经佛堂,百八十里至勃令驿鸿胪馆,至赞普牙帐,其西南跋布海。"见鄯州下。跋布海盖跋布川之所入也。逻些盖即今之拉萨。长庆初,刘元鼎使吐蕃,《旧唐书》云:"初见赞普于闷惧卢川,盖赞普夏衙之所。其川在逻娑川南百里,臧河之所流也。"《新唐书》作闷怛卢川,又曰:"河之西南,地如砥,原野秀沃,夹河多柽柳,山多柏。度悉结罗岭,凿石通车,逆金城公主道也。至麋谷,就馆臧河之北川,赞普之夏牙也。"此更在逻些之表,逆金城公主经此,则弃宗弄赞已居之矣。然其初疆则不在此,即后来亦恒居此。《旧唐书》云:"吐蕃在长安之西八千里。"《新唐书》同。似可指拉萨。然《新唐书》又云："距鄯善五百里。"此岂拉萨地邪？惟析支、积石，乃与相当耳。沙州之为唐守也。赞普徙帐南山，使尚绮心儿攻之。南山者，祁连山也。苟赞普恒居拉萨，岂有因攻一残破之州，远迹至此者乎？达摩之乱，史言其国中地震裂，水泉涌，岷山崩，洮水逆流，鼠食稼，人饥疫，死者相枕借，鄯、廓间夜闻鼙鼓声，人相惊。然则岷山之于吐蕃，犹沙麓之在晋，洮水犹伊洛之在周，鄯、廓乃正其东鄙耳。《新唐书》又云："浑末，亦曰嗢末，吐蕃奴部也。虏法，出师必发豪室，皆以奴从，平居散处耕牧。及恐热乱，无所归，共相啸合数千人，以嗢末自号，居甘、肃、瓜、沙、河、渭、岷、廓、叠、宕间，其近蕃牙者最勇，而马尤良云。"奴之耕牧，必迩其主。然则吐蕃豪，正在此诸州之间，蕃牙亦当在是也。恐热自称举义兵，其攻思罗乃在渭州，又力攻鄯州之尚婢婢，盖正以其地近蕃牙。若乞离胡亦居逻娑，则思罗、婢婢皆疆埸之臣，不必以为先务矣。《旧唐书》云逻些城"屋皆平头，高者至数十尺。贵人处于大毡帐，名为拂庐。"《新唐书》云："有城郭庐舍不肯处，联毳帐以居，号大拂庐，容数百人，其卫候严，而牙甚隘。部人处小拂庐。"贵人、部人，皆外来游牧之族；居平头屋者，则其地之土著。有城郭庐舍而不居，其迁徙往来自易。然则吐蕃者，析支水西之羌，南牧至今雅鲁藏布江者耳。正犹起丹淅之会，荜路蓝缕，以启山林，终至江陵、秭归也。

　　《新唐书·吐蕃传》云："妇人辫发而萦之。"此固羌俗。又云："妇人无及政。"亦与东女之以女为君者不同，足证其起青海，非起西藏。其信佛教，亦后起之事。《新唐书》又云："其俗重鬼右巫，事羱羝为大神。喜浮屠法，习咒诅，国之政事，必以桑门参决。"乃综其前后言之，非其初即如是也。张镒之盟尚结赞也，盟毕，结赞请镒就坛之西南隅佛幄中焚香为誓，《旧唐书·吐蕃传》。此在德宗贞元四年。

其遣使求五台山图,《旧唐书·本纪》及《吐蕃传》。则在穆宗长庆四年。《新唐书·吐蕃传》:宪宗元和五年,"以祠部郎中徐复往使,并赐钵阐布书。钵阐布者,虏浮图与国事者也,亦曰钵掣逋。"刘元鼎之见赞普,钵掣逋立于右。亦皆中晚唐时事,开元、天宝中,犹不闻有是也。

　　吐蕃兵力,在河湟、青海间者,实远较其在西域为强。王孝杰能取四镇,而素罗汗山之战,不免败绩,其明证也。钦陵之扰乱中原,何所不至,然素罗汗山战后,复遣使来请和,不过为好语,求罢四镇戍兵,索分十姓之地而已。武后使郭元振往察之,元振请要其归青海及吐浑旧封以相易,可谓深协机宜。盖度钦陵之必不能许,而钦陵亦竟不能以兵力取之,则由其距西域远,鞭长莫及也。若其腹心之地在今拉萨,则其距河湟、青海亦远,其为患,必不能如是之深矣。

原刊一九四八年七月二十二日《东南日报》

〔六五〕唐代吐蕃兵力

　　《旧唐书·陆贽传》：贽于德宗时，上疏论兵事曰："今四裔之最强盛为中国甚患者，莫大于吐蕃。举国胜兵之徒，才当中国十数大郡而已，其于内虞外备，亦与中国不殊，所能寇边，数则盖寡。"此非虚言也。《郭子仪传》：子仪于大历九年入朝，召对延英，言"今吐蕃充斥，势强十倍。兼河陇之地，杂羌浑之众。"然语其兵数，则亦不过曰"近入内地，称四节度，每将盈万，每贼兼乘数匹"而已。《韩滉传》：贞元二年，"滉上言吐蕃盗有河湟，为日已久，大历已前，中国多难，所以肆其侵轶。臣闻其近岁已来，兵众寖弱，西迫大食之强，北病回纥之众，东有南诏之防，计其分镇之外，战兵在河陇者，五六万而已。"而其明年，入蕃使崔翰奏：于蕃中诱问给役者，求蕃国人马真数，云凡五万九千余人，马八万六千匹，可战者仅三万人，余悉老幼。《德宗纪》。案此文亦见《吐蕃传》，崔翰作崔澣。马八万六千匹，作八万六千余匹。余悉老幼，作余悉童幼，备数而已。徒循其名，未核其实也。此固其在河陇兵数，非其举国兵数，然亦杂羌、浑等众，非尽其本族人也。

　　吐蕃之寡如此，而能为中国甚患者，以其所裹胁之杂种多也。《旧唐书·吐蕃传》云，大历十一年，剑南节度使崔宁破吐蕃四节度兼突厥、吐浑、氐、蛮、羌、党项等二十余万众。《新唐书·南诏传》

云，贞元十七年，韦皋将杜毗罗破吐蕃，康、黑衣大食等皆降。搂突厥以寇西川，率康、大食而犯南诏，其用之可谓竭其力矣。神川之败，乃由其与回鹘争北庭，死伤众，而欲征万人于异牟寻，亦犹是矣。

惟患寡也，故其用兵专以俘掠为务。贞元三年五月平凉劫盟之后，率羌、浑之众犯塞，遣羌、浑之众衣汉戎服，伪称邢君牙之众，代李晟节。奄至吴山及宝鸡北界，焚烧庐舍，驱掠人畜，百姓丁壮者驱之以归，羸老者咸杀之，或断手凿目，弃之而去。九月，吐蕃大掠汧阳、吴山、华亭等界人庶男女万余口，悉送至安化峡西，将分隶羌、浑等。乃曰："从尔辈东乡哭辞乡国。"众遂大哭，一恸而绝者数百人，投崖谷死伤者千余人。攻陷华亭，虏士众十三四，收丁壮，弃老而去。北攻连云堡，又陷之，驱掠其众及邠、泾编户逃窜山谷者，并牛畜万计，悉其众送至弹筝峡。四年五月，三万余骑犯塞，分入泾、邠、宁、庆、麟等州，焚彭原县廨舍，所至烧庐舍，人畜没者约二三万计。先是，吐蕃入寇，恒以秋冬，及春则多遇疾疫而退。是来也，方盛暑，而无患，盖华人陷者，厚其资产，质其妻子，为戎虏所将而侵轶焉。《旧唐书·吐蕃传》。《本纪》云："吐蕃入寇以秋冬，今盛暑而来，华人陷蕃者道之也。"措辞不如《吐蕃传》之审。徒道之，不能免其疾疫也。此可见其兵之不出本族者多也。以华人而转为所劫质，来为寇贼，率其子弟，攻其父母，岂不哀哉！然为所劫质者，固未尝自忘其国也。《新唐书·吐蕃传》言：沙州之陷也，"州人皆胡服臣虏，每岁时祀父祖，衣中国之服，号恸而藏之。"此即香山《新乐府》所云"惟许正朝服汉仪，敛衣整巾潜泪垂"者。又云："誓心密定归乡计，不使蕃中妻子知。暗思幸有残筋力，更恐年衰归不得。蕃候严兵鸟不飞，脱身冒死奔逃归。昼伏宵行经大漠，云阴月黑风沙恶。惊藏青冢寒草疏，偷渡黄河夜冰薄。忽闻汉军鼙鼓声，路旁走出再拜迎。游骑不听能汉语，将军遂缚作蕃生。配向江南卑湿地，料无存恤空防备。念此吞声仰诉

天,若为辛苦度残年。凉原乡井不得见,胡地妻儿虚弃捐。"宣宗大
中四年,沙州首领张义潮以瓜、沙、伊、肃、鄯、甘、河、西、兰、岷、廓十
一州归,《新唐书·吐蕃传》记其事曰:"始义潮阴结豪英归唐,一日,
众擐甲噪州门,汉人皆助之,虏守者惊走,遂摄州事,缮甲兵,耕且
战,悉复余州。"相与戮力者,犹汉人也。《新唐书》又述长庆中刘元
鼎为盟会使入蕃事云:"逾成纪、武川,抵河广武梁,故时城郭未隳,
兰州地皆粳稻,桃李榆柳岑蔚,户皆唐人,见使者麾盖,夹道观。至
龙支城,耆老千人拜且泣,问天子安否,言顷从军没于此,今子孙示
忍忘唐服,朝廷尚念之乎? 兵何日来? 言已皆呜咽。密问之,丰州
人也。"香山《新乐府》又咏《西凉伎》曰:"贞元边将爱此曲,醉坐笑看
看不足,娱宾犒士宴监军,师子胡儿长在目。有一征夫年七十,见弄
《凉州》低面泣。泣罢敛手白将军,主忧臣辱昔所闻。自从天宝兵戈
起,犬戎日夜吞西鄙,凉州陷来四十年,河陇侵将七千里。平时安西
万里疆,今日边防在凤翔;缘边空屯十万卒,饱食温衣闲过日。遗民
肠断在凉州,将卒相看无意收,天子每思常痛惜,将军欲说合惭羞。
奈何仍看西凉伎,取笑资欢无所愧,纵无智力能不收,忍取《西凉》弄
为戏。"遗民肠断,其如将帅之不知愧耻何? 工部诗:"安得廉耻将,
三军同晏眠。"耻一作颜。顾亭林谓以作耻为长。虽武夫,则以知耻
为本,岂不重可念哉? 贞元十七年七月,吐蕃寇盐州,又陷麟州,杀
刺史郭锋,毁城隍,大掠居人,驱党项部落而去。次盐州西九十里横
槽烽顿军,呼延州僧延素辈七人,称徐舍人召。其火队吐蕃没勒,遽
引延素等疾趋至帐前,皆马革梏手,毛绳缧颈,见一吐蕃年少,身长
六尺余,赤髭大目,乃徐舍人也。命解缚,坐帐中,曰:"师勿惧,余本
汉人,司空英国公五代孙也。属武后斫丧王室,高祖建义中泯,子孙
流播绝域,今三代矣。虽代居职位,世掌兵要,思本之心无涯,顾血
族无由自拔耳。此蕃、汉交境也,复九十里至安乐州,师无由归东

矣。又曰：余奉命率师备边，因求资食，遂涉汉疆，展转东进，至麟州，城既无备，援兵又绝，是以拔之，知郭使君是勋臣子孙，必将活之，不幸为乱兵所害。适有飞鸟使至，飞鸟，犹中国驿骑也，云术者上变，召军亟还，遂归之。《旧唐旧·吐蕃传》。斯人可谓有丘首之思矣。然君子之泽，五世而斩，终不见拔，亦安能不化为异类哉？"

或曰：吐蕃之所以雄张者，以其人虽少而皆强悍善战也。《旧唐书》述其俗云：其人"弓剑不离身。重壮贱老，母拜于子，子倨于父，出入皆少者在前，老者居其后。军令严肃，每战，前队皆死，后队方进。重兵死，恶病终。累代战没，以为甲门。临阵败北者，悬狐尾于其首，表其似狐之怯，稠人广众，必以徇焉，其俗耻之，以为次死"。夫其激厉其民如此，其民安得不死不旋踵？一夫善射，百夫决拾，一人致死，万夫莫当。况于举国如此乎？是则魏元忠言之矣。元忠之言曰："凡人识不经远，皆言吐蕃战，前队尽，后队方进，甲坚骑多，而山有氛瘴，官军远入，前无所获，不积谷数百万，无大举之资。臣以为吐蕃之望中国，犹孤星之对太阳，有自然之大小、不疑之明暗，夷狄虽禽兽，亦知爱其性命，岂肯前尽死而后进哉？由残迫其人，非下所愿也。必其战不顾死，则兵法许敌能斗，当以智算取之。何忧不克哉！向使将能杀敌，横尸蔽野，敛其头颅以为京观，则此房闻官军钟鼓，望尘却走，何暇前队皆死哉！自仁贵等覆师丧气，故房得跳梁山谷。又师行必借马力，不数十万，不足与房争。臣请天下自王公及齐人挂籍之口，人税百钱；又弛天下马禁，使民得乘大马，不为数限，官籍其凡，勿使得隐，不三年，人间畜马可五十万，即诏州县以所税口钱市之，若王师大举，一朝可用。且房以骑为强，若一切使人乘之，则市取其良，以益中国，使得渐耗房兵之盛，国家之利也。"《新唐书》本传。然则房使其民，岂遂足以为强乎？况其所劫而用之者，又不皆本族人哉？弃宗弄赞之寇松州也，众号二十万。此固为虚辞，然在破吐浑、党项及白兰诸羌之后，又本搂羊同以来，其数亦必不寡，然牛进达之师，才以前锋挠之，即惧而却走矣。亦由其所裹胁者，多异族人，不为之用故也。不特此也，强征异国之兵，又足以激其怨叛，其于南诏即是也。《旧唐书·郭元振传》：元振于神龙中疏论阿史那忠节欲引吐蕃以击娑葛事，曰："往者吐蕃所争，惟论十姓、四镇，国家不能舍与，所以不得通和。今吐蕃不相侵扰者，不是顾国家和信不来，直是其国中诸豪及泥婆罗门等属国自有携贰。故赞普躬往南征，身殒寇庭，国中大乱，嫡庶竞立，将相争权，自相屠灭。兼以人畜疲疠，财力困穷，人事天时，俱未称惬。所以屈志，且共汉和。"国中大乱，未必非赞普南征不反召之。赞普之南征不反，则国中诸豪及属国之携贰致之；国中诸豪及属国之携贰，恐亦用其力太过，有以召之也。然则虐用其民者，又足以为强乎！以欲从人则可，以人从欲鲜济，其分崩离析，可立而待也。此以其人论也。以其械器论，则《新唐书·吐蕃传》云："其铠胄精良，衣之周身，窍两目，劲弓利刃，不能甚伤。"此即魏元忠所云之凡人所以称其甲坚。然陆贽则谓其器非犀利，甲不坚完，盖凡人徒见其制之新异而称之，实亦未足深恃也。此制，宋时之西夏尚如此，固不闻宋人以为足畏。惟其马多，则系事实。郭子仪夸称开元、天宝中朔方戎备之盛，曰："战士十万，战马三万。"马数才当人数什三，而吐蕃入寇，则人兼乘数四矣。子仪自云："所统将士，不当贼四分之一，所有征马，不当贼百分之二。"是则十余人才得一马耳。走不逐飞，其为不敌，无待言矣。何以致之，曰：不修马复之令，且禁民乘大马。然则士之不足，人为之乎？自为之乎？故曰：国必自伐，而后人伐之。虽然，好侵伐人者，果其民皆愿欲之乎？抑亦黩武者残迫其人，非下所愿也。吐蕃之大为中国患，一在高宗、武后之世，一在德宗之时；若玄宗时之兵衅，则可谓启自吐蕃，亦可谓启自中国。肃、代时河陇之陷，则承玄宗时兵事而然，抑为仆固怀恩所诱，不能专责吐蕃也。高宗、武后时之边祸，禄东赞父子为之；德宗时之兵祸，则尚结赞实为之。尚结赞专权祸国，见贞元九年南诏遗韦皋书，载《新唐书·南诏传》。韦皋台登之捷，杀其青海大酋乞臧遮遮，实为尚结赞之子，见《新唐书·韦皋传》。足见南北兵衅，皆其一家所为，正犹禄东赞之有钦陵赞婆也。苟非此等权臣擅国之时，修好寻盟之使，固亦相继于道。然则孰为好战者可见矣。一二人岂能驱迫千万人，虽有贵爵以激厉之，亦岂能以杞柳为杯棬乎？

原刊一九四八年十二月六日《东南日报》

〔六六〕四　镇

《旧唐书·龟兹传》云："太宗既破龟兹,移置安西都护府于其国城,以郭孝恪为都护,兼统于阗、疏勒、碎叶,谓之四镇。高宗嗣位,不欲广地劳人,复命有司弃龟兹等四镇,移安西依旧于西州。其后吐蕃大入,焉耆已西四镇城堡,并为贼所陷。则天临朝,长寿元年,武威军总管王孝杰、阿史那忠节大破吐蕃,克复龟兹、于阗等四镇。自此复于龟兹置安西都护府,用汉兵三万人以镇之。"《新唐书·龟兹传》辞虽异而事则同,惟于焉耆已西四镇之没,明著其在仪凤时;又孝杰之复四镇,不举龟兹、于阗之名,但云复四镇地而已。《本纪》亦但浑言之曰"克四镇"。然《旧唐书·本纪》则详言之曰"复龟兹、于阗、疏勒、碎叶镇"。似四镇之为龟兹、于阗、疏勒、碎叶,未尝变也。然两书《龟兹传》皆言焉耆已西四镇,又似焉耆实为四镇之一者。今案四镇之废,实在咸亨元年,《旧纪》云:"吐蕃寇陷白州等一十八州,又与于阗合众袭龟兹拨换城,陷之。罢安西四镇。"《新唐书》云:"吐蕃陷龟兹拨换城。废安西四镇。"《通鉴》则云:吐蕃陷西域十八州,又与于阗袭龟兹拨换城,陷之。罢龟兹、于阗、焉耆、疏勒四镇。则是时四镇之一,确为焉耆而非碎叶矣。果何时改置邪? 长寿元年之役,《通鉴》云:"西州都督唐休璟请复取龟兹、于阗、疏勒、碎叶四镇,敕以孝杰为武威军总管,与武备大将军阿史那忠节将兵击吐蕃。"则其时之四镇，又为碎叶而非焉耆，又何时改置乎？是时四镇皆属吐蕃，中国又安得以空文改置，此弥可惑也。今案两书《地理志》，列举四镇都督府之名，皆曰龟兹、毗沙、即于阗。疏勒、焉耆；而《新唐书》于焉耆都督府注云："有碎叶城。"则四镇各有所属城堡，在其属境之内，治所或有变置，仍据其原来治所言之，故焉耆一镇，或曰焉耆，或曰碎叶也。其国城或理于碎叶，从其所理而言之也。

《新唐书·焉耆传》："开元七年，龙懒突死，焉吐拂延立。于是十姓可汗请居碎叶，安西节度使汤嘉惠表以焉耆备四镇。诏焉耆、龟兹、疏勒、于阗征西域贾，各食其征；由北道者轮台征之。"此时镇城，盖复自碎叶移于焉耆也。

〔六七〕康　里

　　康里,《元秘史》作康邻。西史谓亦突厥族。其地在咸海之北,西抵黑海。大食哈里发爱其勇悍,多募为兵。数传而后,遂跋扈,哈里发之废立,亦操其手。花剌子模王阿剌哀丁谟罕默德有兵四十万,皆康里人。王母亦康里部酋女。王母以康里人为将,权与王埒。诸将亦倚王母,不听令。成吉思西征时,花剌子模所以一败涂地者,由其威权索夺,不可以御大敌也。蒙古西征,由讹打剌城主杀蒙古西行之人。城主,王母之弟也。《元史》之克列部,或曰即康里转音。其族本居欠欠州。即谦河流域。在今唐弩乌梁海境。详见《元史译文证补·西北地附录释地下》、《吉利吉思撼合纳谦州益兰州等处》条。至王罕,乃徙土兀拉沐涟。今土拉河。王罕为成吉思父执。成吉思初起时,东征西讨,尝与合兵。后以王罕子你勒合与成吉思有隙,乃至构兵,为成吉思所灭。

〔六八〕西山八国

　　唐中叶后,西南内附诸戎落,有所谓西山八国者。其事始于贞元九年韦皋之出师西山,皋因此加统押西山八国使名。其后为剑南西川节度使,若以副大使兼节度事者,率兼此名不替。如元和元年之高崇文,大中十一年之白敏中,光化三年之王达皆是,皆见《旧唐书》本纪。使名之仍旧,固不足证藩属之长存,然《新唐书·路岩传》,述岩为剑南西川节度时,仍有西山八国来朝之事,其时已在咸通中,则八国之服属确颇久。吐蕃之猾夏,初非由其种姓之强,实由西北夷落为所胁服者众。贞元以后,吐蕃固已就衰,不能大为边患,然其所以就衰,亦以为所胁制者稍即携离之故,若是乎韦皋招抚之功,亦不可没也。然此八国究为何国,至今仍有疑义,此则不能不叹史文之阙佚矣。今试裒录诸史之文,略志所疑如下。

　　《旧唐书·东女传》:"贞元九年七月,其王汤立悉与哥邻国王董卧庭、白狗国王罗陁忽、逋租国王弟邓吉知、南水国王侄薛尚悉曩、弱水国王董辟和、悉董国王汤息赞、清远国王苏唐磨、咄霸国王董藐蓬,各率其种落诣剑南西川内附。其哥邻国等皆散居山川。弱水王即国初女国之弱水部落。其悉董国在弱水西,故亦谓之弱水西悉董王。旧皆分隶边郡,祖、父例授将军、中郎、果毅等官;自中原多故,皆为吐蕃所役属。其部落,大者不过三二千户,各置县令十数人理之。土有丝絮，岁输于吐蕃。至是悉与之同盟，相率献款，兼赍天宝中国家所赐官诰共三十九通以进。西川节度使韦皋处其众于维、霸、保等州，给以种粮耕牛，咸乐生业。立悉等数国王自来朝，召见于麟德殿。授立悉银青光禄大夫、归化州刺史；邓吉知试太府少卿兼丹州长史；薛尚悉曩试少府少监兼霸州长史；董卧庭行至绵州卒，赠武德州刺史，命其子利啰为保宁都督府长史，袭哥邻王。立悉妹乞悉漫颇有才智，从其兄来朝，封和义郡夫人。其大首领董卧卿等，皆授以官。俄又授女国王兄汤厥银青光禄大夫、试太府卿；清远王弟苏历颠银青光禄大夫、试卫尉卿；南国王疑当作南水国王，夺"水"字。薛莫庭及汤息赞、董藐蓬，女国唱后汤拂庭、美玉钵、南郎唐，此十一字或有讹误。并授银青光禄大夫、试太仆卿。其年，西山松州生羌等二万余户，相继内附。其黏信部落主董梦葱，龙诺部落主董辟忽，皆授试卫尉卿。立悉等并赴明年元会讫，锡以金帛，各遣还。寻诏加韦皋统押近界羌、蛮及西山八国使。其部落代袭刺史等官，然亦潜通吐蕃，故谓之两面羌。"案乞悉漫云从兄来朝，则其国虽以女为称，而汤立悉实系男子，必与女弟偕来者；岂其国法实当以女为王，汤立悉实系摄位，若鲁之隐、桓欤？史文阙略，难以质言矣。女与哥邻等国凡九，云悉与之同盟，似乎女国实为盟主，而其地位特尊。《德宗本纪》：贞元十二年十二月癸未，回纥、南诏、剑南、西山国、女国王并来朝贺。"西山"之下，傥夺"八"字，则女国亦叙于八国之外，此说可无疑矣。然或"西山国"之"国"为衍字，而"西山女国"四字连文，则此说又难遽定也。《新唐书·南诏传》，异牟寻诏书韦皋，述吐蕃之暴有云："西山女王，见夺其位。"西山女王可连称，则女国亦得冠以西山两字也。

　　《新唐书·东女传》："贞元九年，其王汤立悉与白狗君及哥邻君董卧庭、逋租君邓吉知、南水君薛尚悉曩、弱水君董避和、悉董君汤息赞、清远君苏唐磨、咄霸君董藐蓬，皆诣剑南韦皋求内附。其种散居西山、弱水，虽自谓王，盖小小部落耳。自失河陇，悉为吐蕃羁属，部数千户，辄置令，岁督丝絮。至是犹上天宝所赐诏书。皋处其众于维、霸等州，赐牛、粮，治生业。立悉等入朝，差赐官禄。于是松州羌二万口相踵入附。立悉等官刺史，皆得世袭，然阴附吐蕃，故谓两面羌。"案此文无白狗君之名，维、霸、保三州缺保州，其为传写夺落，抑子京疏漏，无从知之。其甚谬者，邓吉知、薛尚吉曩，不著其为王之弟侄，而径称为君，与余六国同，恐不容诤于钞胥矣。董卧庭，唐命其子袭王，明当时有王之称，无君之号，而子京于八国皆称为君，岂以其为小小部落，名实不副而黜之欤？历来称帝称王，名实不副者多矣，可尽黜欤？女国较之八国，未必特大，独仍王称，抑又何欤？

《旧唐书·德宗本纪》，贞元九年七月，"剑南西川羌女国王杨立志、哥邻王董卧庭、白狗王罗陀忿、弱水王董避和、逋租王弟邓告知、南水王侄尚悉曩等六国君王，自来朝贡。六国初附吐蕃，韦皋出西山讨吐蕃，故六蛮内附，各授官敕遣之。"案此文杨立志，罗陀忿、邓告知之名，皆与《东女传》异，证以武德初东女之王为汤滂氏，垂拱时所遣之使为汤剑左，似乎杨当作汤。《通鉴》罗陀忿作罗陀忽，亦似忽为讹文，忿为正字。若悉与志，吉与告，则未能知其孰是也。薛尚悉曩但云尚悉曩者，吐蕃国法，不呼本姓，但王族则曰论，官族则曰尚，疑尚悉曩为其役属吐蕃时之称，薛则其本姓也。四国之王亲行，二国但遣弟侄，概云自来，似欠分别。岂君、王二字，王指其国主，而君指其弟侄欤？

又十一年九月丁巳，加韦皋统押近界诸蛮及山西八国、云南安抚等使。案《本纪》，皋加统押八国使名，始见于此，观下引《通鉴》，乃知其非始于此也。山西，疑当作西山。

又《韦皋传》："九年，朝廷筑盐州城，虑为吐蕃掩袭，诏皋出兵牵维之。乃命大将董勔、张芬出西山及南道，破峨和城、通鹤军。吐蕃南道元帅论莽热率众来援，又破之，杀伤数千人，焚定廉城。凡平堡栅五十余所，以功进位检校右仆射。皋又招抚西山羌女、诃陵、白狗、逋租、弱水、南王等八国酋长，入贡阙廷。十一年九月，加统押近界诸蛮、西山八国兼云南安抚等使。"案此文哥邻作诃陵，夷语无正字也。南王疑当作南水。虽云八国，实止有六，其名皆与《本纪》同，盖此六国之王，或身入朝，或遣弟侄，余国当时实未来也。

《新唐书·韦皋传》："九年，天子城盐州，策虏且来桡袭，诏皋出师牵维之。乃命大将董勔、张芬出西山、灵关，破峨和、通鹤、定廉城，逾的博岭，遂围维州，搏栖鸡，攻下羊溪等三城，取剑山屯焚之。南道元帅论莽热来援，与战，破其军，进收白岸，乃城盐州。诏皋休士，以功为检校尚书右仆射、扶风县伯。于是西山羌女、诃陵、南水、白狗、逋租、弱水、清远、咄霸八国酋长，皆因皋请入朝。乃遣幕府崔佐时由石门趣云南，而南诏复通。石门者，隋史万岁南征道也。天宝中，鲜于仲通下兵南溪，道遂闭。至是，蛮径北谷，近吐蕃，故皋治复之。繇黎州出邛部，直云南，置清溪关，号曰南道。乃诏皋统押近界诸蛮、西山八国、云南安抚使。"案此文述皋招抚诸国，略因旧传之文。观哥邻亦作诃陵可知。益清远、咄霸而无悉董。云因皋请入朝，而不曰来朝，则似当时请朝者八国，即来者六国，而悉董独后者。西山八国中，其无悉董欤？然观《旧唐书·东女传》，则当时授官，所阙者乃弱水而非悉董，则又未可遽定也。

《通鉴》贞元九年七月，"剑南西山诸羌女王汤立志、哥邻王董卧庭、白狗王罗陀忽、弱水王董辟和、南水王薛莫庭、悉董王汤悉赞、清远王苏唐磨、咄霸王董邈蓬及逋租王，先皆役属吐蕃，至是各率众内附。韦皋处之于维、保、霸州，给以耕牛种粮。立志、陀忽、辟和入朝，皆拜官，厚赐而遣之。"案此文与《旧唐书·本纪》，或当同本实录；彼作剑南西川羌，此作西山，恐当以此为是。诸国王之名，无可考者,独一逋租耳。

又十年,"春,正月,剑南西山羌、蛮二万余户来降。诏加韦皋押近界羌、蛮及西山八国使。"十一年,"九月丁巳,加韦皋云南安抚使。"案《旧唐书·本纪》,韦皋统押近界诸蛮及西山八国、云南安抚使名,首见于贞元十一年九月,新旧《唐书·韦皋传》,皆与之同。观《通鉴》此条及《旧唐书·东女传》,乃知使名之加,非一时事。所谓近界羌、蛮者,指黏信、龙诺言之,西山八国,自指女、哥邻、白狗、逋租、南水、弱水、悉董、清远、咄霸九国中之八。至云南安抚,则因南诏之来服而加。新旧《唐书·皋传》,皆并叙其招抚西山诸国及南诏之功,故不加分别而总书之。《旧唐书·本纪》不书十年正月加皋使名之事,则自系漏略也。八国,《通鉴》十年胡《注》云:"即前女王、哥邻等。弱水最弱小,不得豫八国数。"未知何据。《旧唐书·东女传》云:"弱水王,即国初女国之弱水部落。"案《隋书·附国传》云:"有嘉良夷,即其东部,所居种姓自相率领,土俗与附国同。附国有二万余家,政令自王出。嘉良夷政令系之酋帅。"似嘉良夷虽不纯臣于附,仍有等级之分。弱水之于女国亦然,故九国同来,授官独不之及,而统押之使,亦不之齿,若古附庸之不达于天子欤?胡氏读书极博,其语必有所据,惜乎其言之不详也。

原刊一九四九年三月六日《东南日报》

〔六九〕女　国

　　唐时女国，人皆知其有二，而不知其实有三焉。盖今后藏地方有一女国，四川西境，又有一女王，新旧《唐书》之《东女传》，皆误合为一也。

　　《女国列传》，始于《隋书》，云在葱岭之南。又其《于阗传》云"南去女国三千里"。《北史》皆同。《大唐西域记》：东女，在婆罗吸摩补罗北大雪山中，东接土蕃，北接于阗，西接三波诃多。其地明在今后藏。《旧唐书·东女传》云："东与茂州、党项接，东南与雅州接，界隔罗女蛮及白狼夷。"则在今四川西境矣。《魏书·吐谷浑传》云："北有乙弗勿敌国，北又有阿兰国，北又有女王国，以女为主，疑当作王。人所不至，其传云然。"谓吐谷浑北有女王，说殊可惑。今观《北史》，乃云："吐谷浑北有乙弗勿敌国。白兰山西北有可兰国。白兰西南二千五百里，隔大岭，又度四十里海，有女王国，人庶万余落，风俗土著，宜桑麻，熟五谷，以女为王，故因号焉。译使不至，其传云然。"则《魏书》文为夺误，女王实在白兰之西南，不在吐谷浑之北也。去白兰二千五百里，道里虽若甚遥，然传闻之辞，不必审谛，亦且山行里数，当较平地为长，则此女王亦即《旧唐书》所云邻于茂、雅之女国也。此国土著宜桑麻，熟五谷。而《隋书·女国传》云："气候多寒，以射猎为业。"亦显见其非一国。《新唐书·东女传》云："东与吐蕃、党项、茂州接，西属三波诃，北距于阗，东南属雅州罗女蛮、白狼夷。"揉两说而为一，而不悟其地之相去数千里也，亦可笑矣。

　　然误合二说为一者，不自《新唐书》始也。《旧唐书·东女传》云："其王所居，名康延川，中有弱水南流，用牛皮为船以渡。"《新唐书》略同，而于居康延川下，增入"岩险四缭"四字。康延川当系川名。女国区内既有康延川，又有弱水，尚安得岩险四缭？贞元中内附之西山诸国，在今四川西境无疑，而《旧唐书》述其地云："弱水王即国初女国之弱水部落，其悉董国在弱水西，故亦谓之弱水西悉董王。"可知弱水在四川西境。《隋书·西域传》云"附国者，蜀郡西北二千余里。有嘉良夷，即其东部。嘉良有水，阔六七十丈，附国有水，阔百余丈，并南流，用皮为舟而济。附国南有薄缘夷。西有女国。"《新唐书·南蛮传》略同。《隋书》下文又云："其东北，连山绵亘数千里，接于党项，往往有羌。"此即《旧唐书》所云女国东与党项接者，此女国实与附国、嘉良夷同在四川西境，其所滨之水，盖即大渡河之上游及其支流。康延川则疑在后藏，乃葱岭南之女国所滨。《旧唐书》误合为一，而《新唐书》又误承之也。《西域记》谓"东女之地，东西长，南北狭"，而《旧唐书》谓"其境东西九日行，南北二十日行"。《新唐书》同。此亦明非一说，以其显然违异，故两书皆未兼采耳。

　　《隋书·女国传》云："出鍮石、朱砂、麝香、牦牛、骏马、蜀马，尤多盐，恒将盐向天竺兴贩，其利数倍。亦数与天竺及党项战争。"此数语亦误合两女国之事为一。葱岭南所出之马，必不得谓之蜀马，将盐向天竺兴贩，与天竺战争，必葱岭南之国而后能之；与党项战争，则又非葱岭南之国所能为也。

　　《隋书·女国传》不言其种族，《旧唐书·东女传》云"西羌之别种"，《西域记》则称为苏伐剌拏瞿呾逻，云"唐言金氏，出上黄金，故以名焉"。此亦二说。《新唐书》云:"东女,亦曰苏伐剌挐瞿咀罗,羌别种也。"又强合为一矣。《隋书·女国传》,谓其"俗事阿修罗神",《旧唐书》云"文字同于天竺",《新唐书》云"风俗大抵与天竺同",皆可见其为天竺族类。《隋书》云:"男女皆以彩色涂面,一日之中,或数度变改之,人皆被发。"《新唐书》云:"被发,以青涂面。"被发固羌俗,然非羌所独有,涂面则惟吐蕃为然,川康间不闻有是,亦可见其国在吐蕃之表。《隋书》云:"其俗贵妇人,轻丈夫,而性不妒忌。"《旧唐书》云:"俗重妇人而轻丈夫。"《新唐书》云:"俗轻男子,女贵者咸有侍男。"可见其为藏地一妻多夫之族。此俗印度亦有之。若羌人,则父没妻后母,兄亡纳厘嫂,《后汉书·西羌传》。正与之相反矣。

　　诸史所记女国与中国交涉,亦多可疑者,今更一检核之。《隋书·女国传》云:"开皇六年,遣使朝贡,其后遂绝。"此传所述法俗,虽或出于西山女国,究以葱岭南女国之事为多,此年之使诚难谓非来自葱岭。然《旧唐书·东女传》云:"隋大业中,蜀王秀遣使招之,拒而不受。"秀在仁寿二年,即见幽絷,炀帝即位,禁锢如初,大业中安得通使域外?然此语亦不得全虚,盖当其在蜀之时,曾有遣使之事也。秀虽侈,所遣之使,未必能至葱岭之南,则所招者必西山之女国矣。《旧唐书》又云:"武德中,女王汤滂氏始遣使贡方物,高祖厚资而遣之。还至陇右,会突厥入寇,被掠于虏廷。及颉利平,其使复来入朝,太宗送令反国,并降玺书慰抚之。"《新唐书》云:"武德时,王汤滂氏始遣使入贡,高祖厚报,为突厥所掠,不得通。贞观中,使复至,太宗玺制慰抚。"据《旧唐书》之文,似其使为突厥所羁,颉利平乃脱身复来者;如《新唐书》之文,则似贞观中来者,别为一使矣,未知其究如何也。《新唐书》又云:"显庆初,遣使高霸黎文与王子三卢来朝,授右监门中郎将。"此事《旧唐书》不载。而云:"垂拱二年,其王敛臂遣大臣汤剑左来朝,仍请官号。则天册拜敛臂为左玉钤卫员外将军，仍以瑞锦制蕃服以赐之。”《新唐书》亦载此事，而略其年。但云：“其王敛臂，使大臣来请官号，武后册拜敛臂左玉钤卫员外将军，赐瑞锦服。”不知传写夺落邪？抑子京疏之也？《旧唐书》又云：“天授三年，其王俄琰儿来朝。万岁通天元年，遣使来朝。开元二十九年十二月，其王赵曳夫遣子献方物。天宝元年，命有司宴于曲江，令宰臣已下同宴，又封曳夫为归昌王，授左金吾卫大将军，赐其子帛八十匹，放还。”《新唐书》无万岁通天时遣使之事，于天授、开元间事亦简略言之，云：“天授、开元间，王及子再来朝，诏与宰相宴曲江，封曳夫为归昌王、左金吾卫大将军。”既失俄琰儿之名，又略赵曳夫之姓。西南夷落大长，颇多汉人，就唐时言之，如东谢、西赵、东西爨等皆是。赵亦未必非汉姓，不能如寻常行文，于夷狄之名，但截取其末两字。且寻常截取末两字者，初亦必见其全名也。且此两役，皆王与子偕来乎？抑各一来乎？亦觉游移不定。如此而自诩其“文省事增”，诚不如毋省之为愈矣。尤可疑者，《旧唐书》下文云“后复以男子为王”，《新唐书》则云“后乃以男子为王”。先未云以男子为王，亦得言复？《旧唐书》用字，似不如《新唐书》之审。然此文果出自为，似不应误缪至此。窃疑实因沿袭旧文而误，或此国曾以男子为王，而史佚其事，或旧史实未佚夺，而撰《旧唐书》者采摭未周，致其事不可见，而于此“复”字又未及改，遂令读者滋疑也。此国在武德、显庆、垂拱、通天、开元中，皆仅遣使朝贡，独天授则其王自来。女王固未必皆不出门，然其于跋涉，究较男子为逊，则或武德、显庆、垂拱、通天、开元时皆女王在位，独俄琰儿则为男王邪？此说诚近凿空，然《旧唐书》之“复”字，非出自为，则理有可信，仍之虽伤粗率，犹使人有隙可寻；《新唐书》奋笔改之，则无复形迹可见矣。此等处理宜矜慎，而其轻易如是，诚使人不能无惑于文士之不可以修史也。综观开元以前此国与中国之交涉，惟隋开皇之使，不敢断其来自何国，其在唐世，则龙朔而后，蕃氛业已甚恶,葱岭以南之国,焉得数来? 垂拱后来者,必为西山之国可知矣。贞元中来附者,其在西山,更无疑义,而垂拱所遣大臣名汤剑左,贞元时之王名汤立悉,亦作立志,参看西山八国条。则汤似其国中大族,汤滂氏或亦西山女王。若汤滂氏果为西山女王,则贞观、显庆中来者,亦必非葱岭南国矣。河源以西诸国,与中国本少往来。吐蕃初境,实在青海西南,而自隋以前,尚且绝无闻知,《新唐书·高祖本纪》,武德六年四月己酉,吐蕃寇芳州,为吐蕃见于史籍之始。况其为天竺北境大雪山中之国? 诸史取材,皆欠精审,难保其知有葱岭南之女国,不加考核,而遽以西山女国之事附之。然则开皇六年之使,是否出于葱岭南之女国;葱岭南之女国,究曾通于中国与否,均可疑也。惟是时葱岭之南,确有一女国,而中国亦知有是国,则无可疑耳。吐蕃强盛之后,能出兵以陷四镇,残勃律,贞元中又大出兵以御大食,则今后藏之地,必悉为所控制,此女国之存亡,又不可知矣。

《新唐书·南诏传》,异牟寻遗皋书述吐蕃之暴,有云:“西山女王,见夺其位。”此女王即贞元九年与哥邻诸国俱内附,称为西山八国者也。《通鉴》是年胡《注》云:“西山即雪山,今威州保宁县有雪山,连乳川白狗岭,有九峰,积雪春夏不消。白狗岭与雪山相连。威州,唐之维州也。”此说其审,但只以之注哥邻等国,而其注女王,则仍沿《新唐书》之误。盖昔人于域外地理,多不详知,故以身之之精博,而不能无此失也。参看西山八国条。

《旧唐书·东女传》云:“以西海中复有女国,故称东女焉。”其说是也。《新唐书》云:“西海亦有女自王,故称东别之。”则似是而非矣。西女,见《新唐书·西域传》。《传》述波剌斯事竟,乃云:“西北距拂菻,西南际海岛,有西女种,皆女子,多珍货,附拂菻,拂菻君长岁遣男子配焉。俗产男不举。”此文亦本《西域记》,《记》云:“拂懔西南海岛有西女国。”则此文“拂菻”二字当重,今不重,则西女在波剌斯西南，不在拂菻西南矣。不知传写夺落邪？抑又子京之疏也？今即不论此，而波剌斯即波斯。《新唐书》既有《波斯传》，波剌斯事，即不应错出于此。即谓无伤，亦应说明其为一国，而又不然，此则子京之疏，无可解免者矣。今更勿论此。而西女之称女国，实非由其有女自王。《三国志·沃沮传》云：王颀别遣追讨句骊王宫，穷其东界，问其耆老：海东复有人不？耆老言：有一国亦在海中，纯女无男。《后汉书·沃沮传》亦载此事。又云："或传其国有神井，窥之辄生子云。"此说自不足信，而其俗与唐时之西女，则可云无独有偶。国不论文野，以女子为王者皆不乏，以国家原于氏族，女子本可为氏族之长也。若产男不举，致国中纯女无男，有待它国之君，岁遣男子配合，则实为异俗。唐时之西女，以此而得女国之名，其事固不容抹杀。今云以有女自王，而称女国，则杜撰史实矣。特制新文，以易旧语，而徒使史事失真，不亦心劳日绌乎。此又见文士之不可以修史也。

原刊一九四九年二月二十七日《东南日报》

〔七○〕高丽无私田

　　《宋史·高丽传》曰:"百官以米为奉,皆给田,纳禄半给,死乃拘之。国无私田,民计口授业。十六以上则充军,六军三卫常留官府,三岁以选戍西北,半岁而更。有警则执兵,任事则服劳,事已,复归农亩。王亦有分地,以供私用。王母、妃主、世子,皆受汤沐田。"此制殊近于古,然未闻高丽之民,视中国为康乐者? 其取之,未必轻于中国之私租也。封建之世,民所苦者在官税;郡县之世,民所苦者为私租。中国人习于统一之既久,以为无私租而仅有官税者,其官税亦如汉以后私租之轻;即少重,亦不过变三十税一为什一而已,而恶知其大不然也。以私租为官税者,为宋末之公田,明初江、浙之重赋。其虐取,尚未如封建之世暴君之烈也,而民已不堪矣。

〔七一〕新罗击走靺鞨海寇

《旧唐书·渤海传》：开元二十年，其王大武艺"遣其将张文休率海贼攻登州，_{当夺杀字}。刺史韦俊。诏遣门艺往幽州征兵以讨之。仍令太仆员外卿金思兰往新罗发兵以攻其南境。属山阻寒冻，雪深丈余，兵士死者过半，竟无功而还"。《新唐书》略同。《旧唐书·新罗传》云：开元二十一年，"渤海靺鞨越海入寇登州，_{渤海之寇登州，新旧《唐书·本纪》在开元二十年九月，而《旧唐书》传在二十一年者，盖遣门艺、金思兰在是年，故传追书之。}时兴光族人金思兰先因入朝留京师，拜为太仆员外卿，至是遣归国，发兵以讨靺鞨；仍加授兴光为开府仪同三司、宁海军使。"徒使兴光出兵以攻渤海南境，不必有宁海军使之授。《新唐书·新罗传》云："渤海靺鞨掠登州，兴光击走之。帝进兴光宁海军大使，使攻靺鞨。"则兴光当受命攻渤海南境之前，实已在海道击走渤海矣。《新唐书》言新罗有张保皋、郑年者，"自其国皆来为武宁军小将。后保皋归新罗，谒其王曰：遍中国以新罗人为奴婢，愿得镇清海，使贼不得掠人西去。清海，海路之要也。王与保皋万人守之。自大和后，海上无鬻新罗人者。"可见是时中国与新罗间海路往来之亟，张文休所率海贼，未必非此等贩卖人口之徒也。

〔七二〕禁僧道买田以其田赡学

　　僧道世皆訾其不耕而食,不织而衣,然士非不耕而食,不织而衣者乎?若曰僧道无益于世,而士为世所不可少,则亦士之言而已矣。恶能使僧道共信乎?以吾观之,士之毒天下,且有甚于僧道者矣。然此别是一说。以寻常通工易事之道论,僧道固不耕而食,不织而衣,而又无以为贸者也。免死犹可而自丰殖乎?禁其买田也固宜。

　　宋初尝禁僧道买田。真宗崩,内遣中人持金赐玉泉山僧寺市田,言为先帝植福,后毋以为例。由是寺观稍益市田,而其法乃坏,见《宋史·食货志》。《元史·泰定帝纪》:泰定四年九月,禁僧道买民田,违者坐罪,没其直。《明史·虞谦传》:"建文中,请限僧道田,人无过十亩,余以均给平民,从之。"永乐罢。亦宋初之志也。《宋史·高宗纪》:绍兴二十一年九月,"借寺观绝产以赡学。"《食货志》云:"以大理寺主簿丁仲京言,凡学田为势家侵佃者,命提学官觉察。又命拨僧寺常住绝产以赡学,户部议,并拨无敕额庵院田。诏可。"此以常理论,自亦是化无用为有用也。

〔七三〕元仁宗重视国学

元仁宗颇重视国学。《本纪》：至大四年，四月，敕："国子监师儒之职，有才德者不拘品级，虽布衣亦选用。"闰七月，诏谕省臣曰："国子学，世祖皇帝深所注意。如平章不忽木等，皆蒙古人，而教以成才。朕今亲定国子生额为三百人，仍增陪堂生二十人。通一经者，以次补伴读。著为定式。"先是二月，命李孟领国子监学。十二月，命孟整饬国子监学。其后又命张珪、皇庆二年二月。许思敬、六月。赵世延延祐元年二月。纲领国子学。延祐二年，八月，增国子生百员，岁贡伴读四员。其于国学，可谓惓惓焉矣。案元自真金，即建学宫中，命王恂教近侍子弟。恂卒，刘因继之。见《因传》。成宗大德八年，二月，增置国子生二百员，选宿卫大臣子孙充之。武宗至大二年，十一月，尚书省臣言："比年卫士大滥，率多无赖。请充卫士者必廷见乃听。"从之。又择卫士子弟充国子学生。皆见《本纪》。盖元本族人多犷悍，而又倚为心腹，不肯不用，乃思以是柔之，即仁宗之用意，亦不外此也。然其效必微矣。

〔七四〕明初国子生

　　明初待国子生之厚,可谓旷古无伦,然其督之亦极严。《明史·选举志》云:"监丞置集愆簿,有不遵者书之。再三犯者决责,四犯者至发遣安置。"然《宋讷传》云:"讷既卒,帝思之。诚诸生守讷学规。违者罪至死。"则有不止于发遣、安置者矣。《志》又云:"省亲、毕姻回籍限期,以道里远近为差,违限者谪选远方典史,有罚充吏者。"然《胡俨传》云:"永乐二年,九月,拜国子祭酒。时用法严峻,国子生托事告归者坐戍边。俨至,即奏除之。"则又有不止于谪选及罚充吏者矣。不徒督学生严也,即于教官亦然。《选举志》云:"太祖时,教官考满,兼核其岁贡生员之数。后以岁贡为学校常例,府、州、县学各一人。翰林考试,不中者遣还,提调教官罚停廪禄。""洪武二十六年,定学官考课法,专以科举为殿最。九年任满,核其中式举人,府九人、州六人、县三人者为最。其教官又考通经,即与升迁。举人少者为平等,即考通经亦不迁。举人至少及全无者为殿,又考不通经,则黜降。"然《奸臣传》云:陈瑛,"成祖北巡,皇太子监国。有学官坐事谪充太学膳夫者,皇太子令法司与改役,瑛格不行。"则亦有不止于黜降者矣。法令贵乎能行,徒法不行,犹无法也。考试无至公之理;学生天资及境遇,亦万有不齐;以其得举之多寡,定教官之殿最,自窒碍而难行,故其后此法遂废。至于教官之学问,亦应有进而无退,则于理极明。故至清季,学使按临,教官仍须考试。然以吾所见,则教官倩不知谁何之人,自作自无不可,然学使按临,教官多忙碌,故假倩者多。作文一篇投之,学使则依县分之先后,以定其名次而已。如吾郡八县,武进第一,阳湖第二,无锡第三,金匮第四,宜兴第五,荆溪第六,江阴第七,靖江第八,教官名次之先后,亦恒如之。行法如此,真堪一噱。

明于国子生,任之亦极重。洪武二十六年,尽擢监生刘政、龙镡等六十四人为行省布政、按察两使,及参政、参议、副使、佥事等官。其为四方大吏者无算。台谏之选,亦出于太学。其常调者,乃为府州县六品以下官。亦见《选举志》。其时士之能自效者亦不少。鱼鳞图册,为明、清两代赋役之法所依,迄民国犹沿之,即国子生武淳等所定也。事在洪武二十年,见《明史·食货志》及《古朴》、《吕震传》。又洪武十年,户部奏天下税课司局征商不如额者百七八十处,遣中官、国子生及部委官各一人核实,立为定额。永乐七年,遣御史、监生于收课处榷办课程。亦见《食货志》。则于庶政,委任之者多矣。监生之历事,犹进士之观政。陆桴亭论用人云:"旧制,举进士,必分试九卿衙门观政,每衙门约三十余人。堂长、司僚,与之朝夕而试之事,会其实以上于天官。天官籍注,以定铨选。随才授职,职必久任。故洪、永时得人为盛。今之观政,则不过随班作揖而已。名存实亡,可慨也夫!"洪、永时,进士之观政者如此,监生之历事者可知。人材多出于其中,亦有由也。《选举志》又言:"明初优礼师儒,教官擢给事、御史。"此亦非徒优礼,盖其时之教官,亦多用通知政事者为之也。

〔七五〕郡县乡里之学上

古时学术之兴盛,教化之周浃,人民自为之乎?抑官府为之乎?曰:人民自为之也。往时官府之所为,多有名而无实。

凡事必本大而末小,然后能固。故郡国者,京师之本也;乡里者,郡国之本也。此义汉人犹知之,至后世则稍湮晦矣。公孙弘之请置博士弟子也,曰"建首善自京师始"。《史记·儒林传》。不曰建三雍、立大学而治道遂备也。其后汉人之所为,正是如此,则论者多訾之,读《汉书·礼乐志》可见。然非汉世法令无令地方兴学之事也。《汉书·循吏文翁传》言:"武帝时令天下郡国皆立学校官。"此令为中国一统后中央令地方立学之始,关系极巨,然他无可考,盖虽有令而未行,故史家视为不足重而未之记,而其事亦未由散见于他处也。王莽奏立学官:郡、国曰学,县、道、邑、侯国曰校,校、学置五经师一人。乡曰庠,聚曰序,序、庠置《孝经》师一人。《平帝纪》元始三年。其制尤为美备。然其未之行,更不待言矣。自此以后,法令亦无不令地方立学者。虽丧乱之世,偏安割据之国犹然,而一统之世,清晏之时,更无论矣。《三国志·魏武帝纪》:建安八年,七月,令曰:"丧乱已来,十有五年,后生者不见仁义礼让之风,吾甚伤之。其令郡国各修文学。县满五百户置校官,选其乡之俊造而教学之。庶几先王之道不废,而有以益于天下。"此丧乱之世,亟图兴学者也。《晋书·石勒载记》:令郡国立学官。每郡置博士、祭酒二人，弟子百五十人。《石季龙载记》：下书令诸郡国立五经博士。《苻坚载记》：广修学官，召郡国学生通一经以上充之。《姚苌载记》：下书令留台、诸镇，各置学官。此皆割据之国，于戎马倥偬之际，犹欲立学者也。《梁书·儒林传》：天监四年，分遣博士、祭酒到州郡立学。办理尤为切实。然亦终于为法令而已矣。

至赵宋以后，而情形乃渐变。盖自汉武帝置博士弟子，设科射策，劝以官禄，学校久成为选举之一途。选举有登用人才之意者二：一为学校，一为科目。以为世信重论，学校远非科目之比，然科目亦不能全与学校脱离，故至近世，二者遂互相依倚。其事始于宋庆历四年，范仲淹令士必在学三百日然后得应试，而成于明世之学校储材，以待科举。于是有应科举之人处，必当有学校，而学校不得不遍设矣。故宋庆历四年，实为学校制度变革之一界限。前乎此者，法令有设学之文，而实未尝设。间有设者，存乎其人，人亡则政息。后乎此者，则逐渐设立，寖至各郡县皆有学，不过实不事事而已。虽同是有名无实，而其所谓有名无实者，又各有不同也。

然则宋以后郡县之学，究较唐以前为盛也。此亦民间好学之风气，有以阴驱而潜率之，非尽官府之力也。《宋史·祖无择传》，言其"出知袁州。自庆历诏天下立学，十年间，其弊徒文具，无命教之实。无择首建学官，置生徒，郡国弦诵之风，由此始盛"。又《宋绶传》：子敏求。"尝建言州郡有学舍而无学官，故士轻去乡里以求师，请置学官，后颇施行之。"然则庆历令天下立学，实亦徒有其名也。宋世郡县之学最著名者，莫如湖学。此自由滕宗谅之好兴学，胡瑗之善教，与政令何涉哉？书院在宋世，风起云涌，官立者固多，私立者尤众。即以官立者论，官何不兴学校而必立书院？毋亦以学校为官办之事，拘于法令，难于求功，易于丛弊，书院则为民间新兴之事，办理易于认真乎？《忠义·尹毅传》言："潭士以居学肄业为重，州学生月试积分高等,升湘西岳麓书院生,又积分高等,升岳麓精舍生,潭人号为三学生。兵兴时,三学生聚居州学,犹不废业。穀死,诸生数百人往哭之。城破,多感激死义者。"此其向学之精勤,临变之镇定,民族之正气存焉,岂徒官禄所能劝哉?《金史·胡砺传》言:定州学校"为河朔冠。士子聚居者,常以百数"。此等亦必有其由,特史未详言耳。

《元史·选举志》:至元二十八年,"令江南诸路学及各县学内设立小学,选老成之士教之。或自愿招师,或自受家学于父兄者,亦从其便。其他先儒过化之地,名贤经行之所,与好事之家出钱粟赡学者,并立为书院。"此就当时民间之情形而整齐之者也。看似规画精密,实则官一无所为也。其为官所当为者,亦一无所就。《明史·选举志》云:"郡县之学,与太学相维,创立自唐始。宋置诸路州学官,元颇因之,其法皆未具。迄明,天下府、州、县、卫所,皆建儒学,教官四千二百余员,弟子无算。教养之法备矣。洪武二年,太祖初建国学,谕中书省臣曰:学校之教,至元,其弊极矣。上下之间,波颓风靡,学校虽设,名存实亡。兵变以来,人习战争,惟知干戈,莫识俎豆。朕惟治国以教化为先,教化以学校为本。京师虽有太学,而天下学校未兴。宜令郡县皆立学校,延师儒,授生徒,讲论圣道。使人日渐月化,以复先王之旧。于是大建学校,府设教授,州设学正,县设教谕,各一。俱设训导,府四,州三,县二。生员之数,府学四十人,州县以次减十。盖无地而不设之学,无人而不纳之教,庠声序音,重规叠矩,无间于下邑荒徼,山陬海涯。此明代学校之盛,唐、宋以来所不及也。"观"名存实亡"四字,便可知元代所谓学校者为何如。然明代学校之盛,如《明史》所言者,恐亦未必不徒以其名也。《叶伯巨传》:伯巨以洪武九年上书,有曰:"廪膳诸生,国家资之以取人才之地也。今四方师生,缺员甚多,纵使具员,守令亦鲜有以礼让之实,作其成器者。朝廷切切于社学,屡行取勘师生姓名,所习课业。乃今社镇城郭，或但置立门牌；远村僻处，则又徒存其名，守令不过具文案、备照刷而已。上官分部按临，亦但循习故常，依纸上照刷，未尝巡行点视也。兴废之实，上下视为虚文。小民不知孝弟忠信为何物，而礼义廉耻扫地矣。"观此，知明太祖并未能变元代学校名存实亡之习。以太祖之严厉，当立法之初，而犹如此，后世自更不必论。《张昭传》云：天顺三年秋，建安老人贺炀上书论时事，言："今铨授县令，多年老监生。逮满九载，年几七十，苟且贪污。"未几，又言："朝廷建学立师，将以陶镕士类。而师儒鲜积学，草野小夫夤缘津要，初解兔园之册，已厕鹗荐之群。及受职泮林，猥琐贪饕，要求百故，而授业解惑，莫措一词。生徒亦往往玩愒岁月，佻达城阙，待次循资，滥升太学。侵寻老耋，幸博一官。但崇身家之谋，无复功名之念。及今不严甄选，人材日陋，士习日非矣。"其言如此，则明除各府州县皆有学官外，亦何以异于前世哉？

　　然明世学风，虽云颓靡，学中尚颇有人。《明史·魏骥传》："永乐中，以进士副榜授松江训导。常夜分携茗粥劳诸生。诸生感奋，多成就者。"《彭勖传》："除南雄府教授。学舍后有祠，数见光怪，学官弟子率祷祀，勖撤而焚之。"《陈选传》："督学南畿。按部常止宿学宫，夜巡两庑，察诸生诵读。"皆其证也。以吾所见清世之学校，则绝无此事矣。又《明史·列女传》："吴氏，潞州廪生卢清妻。清授徒自给。后失廪，充拨于汴，愤耻发狂死。"盖以学不及降等。则明世犹有甄别学生行业之事，清世亦非以他案无黜革矣。教官非无积学者，亦非无师之者，然自是师其人，非以其为教官也。然则学校之迁流，势自趋向于有名无实也。其故何哉？往时学术之兴盛，教化之周浃，久不系乎官立之学。官立之学，只是以利禄诱人；以利禄诱人，其效本不过如此而已。《清史稿·选举志·学校》云："凡新进生员，如国子监坐监例，令在学肄业，以次期新生入学为满。"又云："教官考校之法，有月课、季考。除丁忧、患病、游学、有事故者,不应月课三次者戒饬,无故终年不应者黜革。试卷申送学政查覆。讫于嘉庆,月课渐不举行。"然《职官志·国子监》云:"在学肄业者为南学,在外肄业赴学考试者为北学。"则监生已不尽坐监。月课之举行,征诸闻见,亦决非至嘉庆而后废弛也。

〔七六〕郡县乡里之学下

　　乡里之学,又分二级。古者学于其里之校,而升入其乡之庠序是也。见《古学制》条。后世法令设学,大抵至乡而止。王莽奏立学官,乡曰庠,聚曰序,序、庠置《孝经》师一人是已。见上条。《旧唐书·礼仪志》:武德七年,二月,"诏州县及乡,并令置学。"《玄宗纪》:开元二十六年,正月,"制天下州县,每乡一学。仍择师资,令其教授。"观此,知有学者不必皆有人教授。其措施亦与前世同。《通鉴》云:"令天下州县,里别置学。"唐制,百户为里,五里为乡,《旧唐书·食货志》。如所言,则乡有五学,近乎何休所云八十家为里,中里为校室者矣,亦见《古学制》条。疑其说误也。然此等法令,皆成具文,究乡置一学,抑里别置学,亦不足深较也。《元史·世祖纪》:至元二十三年,大司农司上诸路学校,凡二万一百六十所。二十五年,二万四千四百余。二十八年,二万一千三百余。其数之多如此,必兼乡以下学言之。其名存实亡,已见上条。明世设学,最称普遍。洪武八年,正月,"诏天下立社学。"《本纪》。史所载,尽力于此者,亦有数人。《明史·杨继宗传》:成化初,擢嘉兴知府,大兴社学。民间子弟八岁不就学者,罚其父兄。《循吏传》:方克勤,为济宁知府,立社学数百区。马绍恩,知绍兴府,广设社学。《文苑传》:张弼,迁南安知府,毁淫祠百数十区,建为社学。然实凤毛麟角而已。

　　官府之所为，既不足恃，则人民不得不自谋。受教最易者，自为父兄。元至元二十八年令所谓自受家学于父兄者也。见上条。然父兄不能皆有学，则不得不别求师。于是有以此为业者。《汉书·艺文志》所云闾里书师，《三国志·邴原传注》引《原别传》所云原邻舍之师，《元史·列女传》所述之王德政皆是也。皆见《束脩》条。《元史·忠义传》：王佐，"从父居上都，教授里巷。"此盖在城市。《孝友传》：王思聪，"素力田，农隙则教授诸生，得束脩以养亲。"此则在乡村矣。《隋书·李密传》言：杨玄感败，密诣淮阳，舍于村中，变姓名为刘智远，聚徒教授。密是时必不敢居通衢大道。《宋史·马仁瑀传》："十余岁时，其父令就学，辄逃归。又遣于乡校习《孝经》，旬余不识一字。博士笞之。仁瑀夜中独往焚学堂，博士仅以身免。"亦必人烟寥落，乃可为所欲为。《元史·崔敬传》："出佥山北廉访司事，按部全宁。狱有李秀，以坐造伪钞连数十人，而皆与秀不相识，敬疑而谳之。秀曰：吾以训童子为业，居村落间，有司至秀舍，谓秀为伪造钞者，捶楚之下，不敢不诬服耳。"盖亦以所居僻左而疑之也。然则虽甚荒僻之地，亦有童子师矣。《金史·隐逸传》：薛继先，"隐居洛西山中，课童子读书。"则山陬亦有之矣。《明史·刘显传》："南昌人，生而膂力绝伦，稍通文义。家贫落魄，间行入蜀，为童子师。"又可见求之者众，故虽羁旅之士，亦可以此自业也。此等童子师，盖与古里校之教相当。稍进则为乡校，与古庠序相当，其所教亦有进焉。马仁瑀之师，能教《孝经》，已可与邴原之师侔，而非闾里书师仅教识字者比。《宋史·安焘传》："年十一，从学里中，羞与群儿伍，闻有老先生聚徒，往师之。先生曰：汝方为诵数之学，未可从吾游，当群试省题一诗，中选乃置汝。焘无难色。诗成，出诸生上，由是知名。"《元史·儒学传》：戴表元，"从里师习词赋，辄弃不肯为。"事在宋世。此所教者，皆当时应试之事。《五代史·刘岳传》：岳以遗下《兔园册》诮冯道,道大怒。欧公云:"《兔园册》者,乡校俚儒教田夫牧子之所诵。"实亦应试者所诵习之书也。《宋史·陈襄传》:"福州侯官人。少孤,能自立。出游乡校,与陈烈、周希孟、郑穆为友。时学者沈溺于雕琢之文,所谓知天尽性之说,皆指为迂阔而莫之讲。四人者始相与唱道于海滨,闻者皆笑以惊,守之不为变,卒从而化,谓之四先生。"则又超出于为应试之学之上者矣。《陈书·儒林传》:顾越,吴郡盐官人,"所居新坡黄冈,世有乡校。由是顾氏多儒学。"《齐书·高逸传》:顾欢,"乡中有学舍,欢贫,无以受业,于舍壁后倚听,无遗忘者。"欢亦盐官人也。《唐书·陈子昂传》:"六世祖大乐,当齐时,兄弟竞豪杰,梁武帝命为郡司马。父元敬,世高赀,岁饥,出粟万石振乡里。子昂年十八,未知书,以富家子,尚气决,弋博自如。"此盖最难施教者。而"他日入乡校,感悔,即痛修饬"。《旧五代史·乌震传》,言其"少孤,自勤于乡校"。《金史·赤盏晖传》,亦言其"少游乡校"。《元史·吴澄传》云:"九岁,从群子弟试乡校,每中前列。"则乡校所造就者颇多。《旧唐书·白居易传》:居易与元稹书曰:"自长安抵江西,三四千里,凡乡校、佛寺、逆旅、行舟之中,往往有题仆诗者。"三四千里间,往往棋置,其教之被于社会者,亦可谓广矣。《旧唐书·苗晋卿传》,言其"归乡里,出俸钱二万为乡学本"。《明史·杨恒传》:言其外族方氏,建义塾,馆四方游学士。详见《束脩》条。则惓惓于此者颇多。盖有由也。

　　有力者延师于家,以教其子弟,亦历代有之。《宋史·欧阳守道传》:"少孤贫,无师,自力于学。里人聘为子弟师。"《杨棪传》:"少能词赋。里陈氏馆之教子。"《马廷鸾传》:"甘贫力学。既冠,里人聘为童子师。"《余天锡传》:"史弥远延为子弟师。"《元史·孔思晦传》:"远近争聘为子弟师。"《儒学·宇文公谅传》:"弱冠有操行。嘉兴富民延为子弟师。"皆是。此事为古之所无。《汉书·孙宝传》:"以明经为郡吏。御史大夫张忠辟宝为属，欲令授子经，更为除舍，设储偫。宝自劾去，忠固还之，心内不平。后署宝主簿。宝徒入舍，祭灶，请比邻。忠阴察，怪之，使所亲问宝：前大夫为君设除大舍，子自劾去者，欲为高节也。今两府高士，俗不为主簿，子既为之，徒舍甚说，何前后不相副也？宝曰：高士不为主簿，而大夫君以宝为可，一府莫言非，士安得独自高？前日君男欲学文，而移宝自近。礼有来学，义无往教；道不可诎，身诎何妨？且不遭者可无不为，况主簿乎？忠闻之甚惭。"盖古所谓外傅等，实皆家臣，从师自别是一事，故其说如此也。《明史·儒林传》：周蕙，"为临洮卫卒。吴瑾镇陕西，欲聘为子师，固辞不赴。或问之，蕙曰：吾军士也，召役则可。若以为师，师岂可召哉？瑾躬送二子于其家，蕙始纳贽焉。"与孙宝可谓异世同揆。生今反古，固不易为。然《宋史·危稹传》言其"迁诸王宫教授。稹谓以教名官，而实未尝教，请改创宗子学，立课试法如两学。从之"。盖共学尚有切磋之益，独学则无之也。然则延师于家，不徒非礼，亦无益于其子弟矣。

　　私家设塾，亦有不徒自教其子弟者。《元史·儒学·张𡎴传》："中州士大夫，欲淑子弟以朱子《四书》者，皆遣从𡎴游，或开私塾迎之。"此私塾之所教，必非一家之子弟矣。又《史天倪传》："曾祖伦，少好侠，因筑室，发土得金，始饶于财。金末，中原涂炭，乃建家塾，招徕学者，所藏活豪士甚众，以侠称于河朔，士族陷为奴虏者，辄出金赎之。"尤可见家塾聚徒之众也。

　　《元史·列女传》："冯氏，名淑安，字静君，大名宦家女，山阴县尹山东李如忠继室也。如忠初娶蒙古氏，生子任。如忠殁两月，遗腹生一子，名伏。李氏及蒙古氏之族在北，闻如忠殁于官，家多遗财，相率来山阴。冯氏方病，乘间尽取其赀及子任以去。一室萧然，惟余如忠及蒙古氏之枢而已。鬻衣权厝二枢蕺山下，携其子庐墓侧。时年始二十二,羸形苦节,为女师以自给。"则前代民间,已有女师矣。

　　乡学二字,寻常皆指下于县之学而言。中国官治,至县而止,故县以上之学,必为官立,乡以下之学,则多为民立矣。然《魏书·高祖纪》:天安元年,九月,"初立乡学。郡置博士二人,助教二人,学生六十人。"此乡学二字,实指郡学言之。《景穆十二王传》:南安王桢之子英,奏言:"谨案学令,诸州郡学生,三年一校。顷以皇都迁构,江、扬未一,故乡校之训,弗遑正试,致使薰莸之质,均海学廷,兰萧之体,等教文肆。"其证也。《隋书·梁彦光传》,言其为相州刺史,招致山东大儒,每乡立学,此乡学疑又指县学言之,谓相州属县,每县各立一学也。《宋史·毕士安传》:"子仲衍,以荫为阳翟主簿。张昇,县人也,方镇许,请于朝,欲兴乡校,既具材计工,又听民自以其力输助。邑子马宏,以口舌横闾里,谩谓诸豪曰:张公兴学,而县令乃因以取诸民,由十百而至千万,未已也,君将不堪。诚捐百金与我,我能止役。豪信其能,予百金。宏即诣府,宣言县吏尽私为学之费,又将赋于民。昇果疑焉,敕县且止,又揭其事于道。令欲上疏辩,仲衍曰:无益也。不如取宏治之,不辩自直矣。会摄县事,即逮捕验治,五日,得其奸,言于昇,流宏鄂州,一县相贺。"此乡校,亦必郡县之学也。

〔七七〕山　长

　　《事物原会》卷八，载乾隆三十年十一月初八日上谕曰："各省书院，延师训课，向有山长之称，名义殊为未协。既曰书院，则主讲席者，自应称为院长。著于各督抚奏事之便，传谕知之。"按书院之主讲席者称为山长，乃因其缘起本在山中也。名之不随实变也久矣。事物迁流，不舍昼夜，转瞬而名实即不尽符。从而更之，可胜改乎？适见弘历之不通文义也。

　　古人读书，多在山中，盖取其静也。《旧唐书·裴休传》，言其童时与兄俦，弟俅，"同学于济源别墅。虞人有以鹿赘俦者，俦、俅烹之，召休食。休曰：我等穷生，菜食不充；今日食肉，翼日何继？无宜改馔。独不食。"虞人赘鹿，其在山中可知。《新唐书·文苑·萧颖士传》：安禄山反，"藏家书于箕、颍间"，而"身走山南"，则藏书者亦于山也。太史公著书，曰藏之名山，则此事由来已旧。亦以山中较安静，难毁损也。聚徒教授者或于山，盖亦因其读书之处。读书者或于僧寺，僧寺亦多在山中也。

〔七八〕兔园策

　　《旧五代史·冯道传》云："工部侍郎任赞，因班退，与同列戏道于后曰：若急行，必遗下《兔园策》。道寻知之，召赞谓曰：《兔园策》皆名儒所集，道能讽之，中朝士子，止看文场秀句，便为举业，皆窃取公卿，何浅狭之甚邪？赞大愧焉。"《新史·刘岳传》云："宰相冯道，世本田家，状貌质野，朝士多笑其陋。道旦入朝，兵部侍郎任赞与岳在其后。道行数反顾。赞问岳：道反顾何为？岳曰：遗下《兔园册》耳。《兔园册》者，乡校俚儒教田夫牧子之所诵也，故岳举以诮道。道闻之，大怒，徙岳秘书监。"_{岳时为吏部侍郎。}《困学纪闻》云："《兔园册府》三十卷。唐蒋王恽命僚佐杜嗣先放应科目策，自设问对，引经史为训注。恽，太宗子，故用梁王兔园名其书。冯道《兔园策》谓此也。"《宋史·艺文志》亦云："《兔园册府》三十卷，杜嗣先撰。"而晁公武《读书志》云："《兔园册》十卷，唐虞世南撰。"题名之异，盖由纂集本非一人，无足为怪。所可怪者，乃其卷数之不同耳。案晁氏又云："奉王命，纂古今事为四十八门，皆偶俪之语。至五代时，行于民间。村塾以授学童。故有遗兔园册之诮。"孙光宪《北梦琐言》云："《兔园策》乃徐、庾文体，非鄙朴之谈。但家藏一本，人多贱之。"合观诸文，知士大夫之取此书，初盖以供对策之用，后则所重者惟在其俪语，而不在其训注。盖有录其辞而删其注者？故其卷帙止三之一。若写作巾箱本,则并可藏之怀袖间矣。文场秀句,由此作也。村童无意科名,何必诵此等书? 然其师何知? 但见取科名者皆诵之,则亦以之教其弟子矣。抑争名者于朝,争利者于市,朝市之间,风气之变迁恒速,而在乡僻之地则迟。古人教学僮识字,多以须识之字,编成韵语,如《急就篇》等皆是。其后觉其所取之字,及其辞之所道者,不尽适用,则或取他书代之,如《三字经》、《千字文》、《百家姓》是也。更后,又觉其不尽适用,都邑之间,乃代以所谓方字,字字而识之,然村塾之中,教《三字经》等如故也。唐、宋取士,皆尚辞华,故其人习于声病对偶。自元以降,科举之法已变矣,然村塾之中,仍有以《故事琼林》、《龙文鞭影》教学僮者,吾小时犹及见之。其书皆为俪语,而以故实为注,实新撰之兔园册、文场秀句也。问以诵此何为? 则亦曰:昔人如是,吾亦如是而已,他无可说也。

原刊《华东师范大学学报》一九五八年

第一期,一九五八年一月十五日出版

〔七九〕学校经费

孤寒向学之士，历代皆有之。汉世事已列专条。其在后世者：如《晋书·隐逸·祈嘉传》，言其西至敦煌，依学官诵书，嘉，酒泉人。贫无衣食，为诸生都养以自给；《宋史·王次翁传》，言其入太学，贫甚，夜持书就旁舍借灯读之，皆是也。贫者士之常，固无足怪。然国家于士，无所资给可也，有养士之费，而士仍奇贫，则不可解矣。《金史·章宗纪》：泰和元年，更定赡学养士法。生员给民佃官田，人六十亩，岁支粟三十石。国子生人百八亩，岁给以所入，官为掌其数。曰更定，则前此已有所给。其数虽不为厚，亦应不至于甚薄。然《雷渊传》言其庶出，年最幼，诸兄不齿，父殁，不能安于家，乃发愤入太学。衣敝履穿，坐榻无席。自以跣露，恒兀坐读书，不迎送宾客。其贫至于如此，亦可异矣。吾犹及见清世所谓府、州、县学者，大体皆有学田，所入亦不甚菲，然多供教官私用，亦如刘禹锡所云释奠之费，适资三献官饰衣裳、饴妻子者。《新唐书》本传。廪生皆有膳费，谓之廪粮，江北犹薄有所给，江南则罔或取之，亦皆入教官之橐也。

郡县之学，自宋以后，所设日多，其经费，大抵恃学田也。即书院亦然。《元史·世祖纪》：至元二十三年，二月，江南诸路学田昔皆隶官，诏复给本学，以便教养。二十五年，十月，尚书省臣请令集贤院诸司，分道钩考江南郡学田所入羡余，贮之集贤院，以给多材艺者。从之。《崔彧传》：或奏江西詹玉。始以妖术，致位集贤。当桑哥持国，遣其掊核江西学粮，贪酷暴横，学校大废。二十七年，正月，复立兴文署，掌经籍板及江南学田钱谷。二十九年，正月，诏："江南州县学田，岁入听其自掌。春秋释奠外，以廪师生及士之无告者。贡士庄田，则令核数入官。"学田所入，至为言利之臣所觊觎，其数必不菲矣。明、清二代，设学更多于元，通计天下学田，数必视元倍蓰。然以吾所见，书院经费，亦有不免侵蚀者，而学校无论也。乾隆中，都天下学田万一千五百八十余顷。见《清史稿·食货志·田制》。

〔八〇〕 读经用演习之法

《东塾读书记》卷八，引乡射礼"司马出于下射之南，还其后，降自西阶"云云，曰："如此类者，围绕交错，绘图亦殊不易，或绵蕝习之，乃知之耳。"又曰："阮文达公为张皋文《仪礼图》序云：予尝以为读礼者当先为颂。昔叔孙通为绵蕝以习仪，他日，亦欲使家塾子弟画地以肄礼，庶于治经之道，事半而功倍也。澧案画地之法，澧尝试为之，真事半而功倍，恨未得卒业耳。"《注》曰："李璧玲孝廉，名能定，在澧家教家侄等读书，尝邀澧及家侄宗元，画地而习之也。"然则文达所有志者，兰甫先生已身试之矣。愚案朱子跋《三礼家范》云："《司马氏书》，<small>案此指《书仪》</small>。读者见其节文度数之详，往往未见习行，而已有望风退怯之意；又或见其堂室之广，给使之多，仪物之盛，而窃自病其力之不足；未有能举而行之者也。殊不知礼书之文虽多，而身亲试之，或不过于顷刻；其物虽博，而亦有所谓不若礼不足而敬有余者；今乃逆惮其难，以小不备之故而反就于大不备，岂不误哉？"朱子殆亦尝身试之乎？

〔八一〕 为外族立学

　　外族遣人来学,历代多有之,此于文教覃敷,所关固大。然于境内之蛮夷,即今所谓少数民族者,加以教化,其关系实尤大也。《宋史·神宗纪》:熙宁八年,三月,知河州鲜于师中乞置蕃学,教蕃酋子弟。赐田十顷,岁给钱千缗,增解进士二人。从之。《孝宗纪》:淳熙八年,四月,立郴州宜章、桂阳军临武县学,以教养峒民子弟。《蛮夷传》:"诚、徽州。熙宁时,其酋光僭降,与其子日俨,请建学舍,求名士教子孙。诏潭州长史朴成为徽、诚等州教授。"此皆为外族立学者也。《孝宗纪》:淳熙元年,四月,许桂阳军溪洞子弟入州学听读,此则许其入中国之学者也。明时,云南、四川皆有土官生。《明史·选举志》。其后宣慰、安抚等土官,俱设儒学。《职官志》。则亦二者俱有。

　　为外族立学及许其入学之事,《明史》所载颇多。《云南土司传》:"永乐元年,楚雄府言:所属蛮民,不知理义,惟僰种赋性温良,有读书识字者。府、州已尝设学教养,其县学未设。县所辖六里,僰人过半。请立学置官训诲。从之。十五年,顺州知州王义言:沾被圣化,三十余年。声教所届,言语渐通。子弟亦有俊秀。请建学教育。从之。十六年,丽江检校庞文郁言:本府及宝山、巨津、通安、兰州四州,归化日久,请建学校。从之。"《广西土司传》:"正统十二年,思恩府设儒学,置教授一员,训导四员,从知府岑瑛请也。景泰五年,从瑛请,建庙、学,造祭祀乐器。"皆外族自请设学之事。《四川土司传》："宣德九年,永宁宣抚奢苏奏生儒皆土僚,朝廷所授官,言语不通,难以训诲。永宁监生李源,资厚学通,乞如云南鹤庆府例,授为儒学训导。诏从之。"病教官之言语不通而求易其人,似教学尚非尽虚文也。《四川土司传》："洪武二十三年,乌撒土知府阿能,乌蒙、芒部土官各遣子弟入监读书。建昌土官安配遣子僧保等四十二人入监读书。天全六番招讨司:永乐二年,高敬让来朝,并贺立皇太子,且遣其子虎入国子学。赐虎衣衾等物。十年,敬让遣子虎贡马。初虎入国学读书,以丁母忧去,至是服阕还监。皇太子命礼部赐予如例。播州宣慰使司:洪武二十一年,并所属宣抚司官各遣其子来朝,请入太学。帝敕国子监官善训导之。正德二年,使杨斌为其子相请入学,并得赐冠带。永宁宣抚司禄照,坐事逮至京,得直,还,卒于途。其子阿聂与弟智皆在太学。遂以庶母奢尾署司事。洪武二十六年,奢尾入朝,请以阿聂袭。从之。"此等皆遣子弟入监之事。《云南土司传》："车里军民宣慰使司刀暹答,永乐四年,遣子刀典入国学,实阴自纳质。帝知其隐,赐衣币,慰谕遣还。"《广西土司传》:万历初,岑溪有潘积善者,僭号平天王,与六十三山、六山、七山诸猺獞,据山为寇。居民请剿。会大兵征罗旁,不暇及。总制凌云翼檄以祸福。积善愿归降输赋。乃贷其死,且以其子入学。此亦或有羁质之意。《汤沐传》:附《马录传》。"巡抚贵州,请立土官世籍,绝其争袭,而令其子弟入学。报可。"此令其入学,亦或为绝其争袭之一助。然此等必非本意也。《贵州土司传》："万历二十八年,皮林逆苗吴国佐、石纂太等作乱。国佐本洪州司特洞寨苗。颇知书。尝入永从学为生员。"似教学初不能消反侧。然《唐胄传》言:"迁广西提学佥事,令土官及瑶、蛮悉遣子入学。屡迁广西左布政使。官军讨古田贼,久无功,胄遣使抚之。其魁曰:是前唐使君,令吾子入学者。即解甲。"则究有所谓抚绥之效矣。

〔八二〕古代文书简易

　　章实斋六经皆史之说，特有鉴于作史之道宜然，借是以发之而已。且如古者文书简易，而其时简策繁重，文书欲不简易，亦不可得。章氏乃谓周代掌故皆六倍其文而度之诸司，此岂近情理哉？《隋书·刘炫传》："弘尝从容问炫曰：案《周礼》士多而府史少；今令史百倍于前，判官减则不济，其故何也？炫答曰：古人委任责成，岁终考其殿最，案不重校，文不繁悉，府史之任，掌要目而已。今之文簿，恒虑覆治锻炼，若其不密，万里追证，百年旧案，故谚曰：老吏抱案死，古今不同，若此之相悬也。事繁政弊，职此之由。"士多而府史少一语，足破古代文书繁重之惑。

　　《周书·高昌传》述其设官，颇为委曲。而又曰："其大事决之于王，小事则世子及二公，王子为之。随状断决，平章录记，事讫即除。籍书之外，无久掌之文案。官人虽有列位，并无曹府，惟每旦集于牙门，平论众事。"官无曹府，此古之明堂，所以于政事无所不包也。作《周官》者所据之国，固非高昌之比，然谓其能容更繁于后世之文书，得乎？

〔八三〕古但以干支纪日

《春在堂随笔》载清咸丰二年，余姚客星山出土之三老碑云："三老讳通，字少父，庚午忌日，祖母失讳，字宗君，癸未忌日。掾讳忽，字子仪，建武十七年，岁在辛丑四月五日辛卯忌日。母讳捐，字□ _{此字俞氏释文阙，碑为周清泉世熊所藏，俞氏后得其释文作谒。} 君。建武廿八年岁在壬子五月十日甲戌忌日。曲园云：三老生一子而有九孙，此碑乃其第七孙名邯者所立，以识祖父名字，且存忌日。然祖及祖母忌日，有日而无年月，亦疏略矣。"后又云："余始讥其疏略，既而思之，其于父母，既备载年月日，何于祖父祖母遂疏略如此，此必有故也。窃疑古人以干支纪日，不以初一初二纪日。其家相传，三老于庚午日死，祖母于癸未日死，相传既久，忘其年月，民间不知历术，安能推知其为某年某月某日乎？于是子孙遇庚午癸未日，则以为忌日。盖古人忌日之制，本是如此。试以子卯疾日证之，子卯有二说，郑司农以为五行子卯相刑，此不必问其何月也。而贾逵云：桀以乙卯日死，纣以甲子日亡，则有日无月，似不可通，乃郑康成、何劭公等翕然宗之无异辞者。盖援忌日之例，止论干支，不问为某月第几日。如纣以甲子亡，以三统术推之，为武王十一年二月五日，至次年二月五日，乃上年纣亡之日，在今人必以此为疾日矣。古人不然，二月五日不值甲子，即非疾日，而凡遇甲子，即是疾日。一年有六甲子，是有六疾日也。疾日忌日，其例并同。今人但以父母亡日为忌日，非古矣。"案后说是也，太阳年非古人所知，据天象以纪时，初所知者，则月之晦朔耳。月之运行二十九日余而一周，此又非古人所知，乃以为三十日。然其不合，不久即见，乃又舍月之晦朔，而径以三十日为纪时之一节，倍之而为六十日，遂有干支纪时之法。夫以六十日为一节，则可得六节有奇，古书记人年寿多长，岂其所谓若干岁者，或有若干甲子之传讹欤？

〔八四〕事、物二字通用

事、物二字通用，古书所见甚多，不烦举证。此语相沿甚久，《通鉴》唐肃宗至德元载，李萼说颜真卿曰："昔讨默啜，甲兵皆贮清河库，今有五十余万事。"一事即一物，不待解释也。胡《注》曰："一物可以给一事，因谓之事。"为之说，反觉迂曲。

〔八五〕读说文释例

　　箓友先生，于说文功力之深，无俟更加称述。其言曰："儒者体物，率从书册中得之，不尽可信。"二十卷第二条。今读此书，实验之功力颇深，于动植器物等皆然。信乎其体物之功，不限于书册中矣。尤不可及也，援据俗语处亦多，其说繀字云："吾乡谓衣小坼对合缝之近似织补者然谓之繀。今语虽沿古义，亦未知正合古人意否。段氏谓繀其边，则未闻其语，但以同声之字，意揣说之也。"案繀其边之语，今尚存于吾乡，特北方无此语耳。遽斥懋堂先生为意揣，诬矣。此以见格物之难也。且衣坼而对合缝之，所缝者亦正坼处之边也。古今南北语意自同，箓友先生偶未之思耳。

〔八六〕述旨误遂因之

　　清末之端郡王载漪，实当作瑞郡王，而作端者，以误沿误也。仁宗子绵忻，封瑞亲王，子奕志袭为郡王。奕志无子，载漪以惇亲王子为之后，光绪二十年进封端郡王。《清史稿·诸王传》云："循故事宜仍旧号，更为端者，述旨误遂因之。"此可谓以别字改正字者矣。

〔八七〕沈阳大东门额应取下保存

沈阳大东门额,旁署大金崇德某年云云。按清人自号其国曰清以前,实尝建号曰金,后乃讳之。满洲二字,明人译作满住,乃大酋之称;非国名,并非部族名也。清人对明人,每曰我满住云云。明人对清人,亦恒曰汝满住云云。其后住又作洲,一似地名者,遂讹为部族之称。此说见日本稻叶君山《清朝全史》,及近人《心史史料》,而沈阳大东门额,则其诚证也。予按满洲部族,古称肃慎,亦作息慎、稷慎。宋号女真,亦作虑真,朱里真,《大金国志》。及清代称索伦,皆一音之转。其部族之名,盖数千年来,未之有改也。而汉时称挹娄,南北朝隋唐亦曰靺鞨,或作勿吉。挹娄乃懿路之异译,义言穴居,盖分部穴居者之名,非其部族之本号,说见《满洲源流考》。靺鞨二字,向不得其解,迨读稻叶氏书及《心史史料》,乃悟此二字,亦满住异译。满族向无国名,对外辄称大酋,人因误以其酋长之称,为部族之名,固后先一辙也。此段考据,殊有趣味,且此门额,实为三百年物,允宜取下保存也。